A menudo, tras alcanzar algún logro u objetivo, nos
sentimos recompensados, pletóricos y llenos de
energía. Y, aunque sea de una manera imprecisa,
también percibimos que ciertas actitudes previas
fueron la clave del éxito. Este libro propone precisamente
el aprendizaje de los mecanismos que nos
predisponen a triunfar y lograr bienestar.
Jorge Blaschke, experto en psicología transpersonal, ha
indagado en los últimos descubrimientos científicos
de la física cuántica, la química, las neurociencias y
las ciencias del comportamiento para identificar los
mecanismos que nos permiten aprovechar las energías
(las propias y las del entorno) para alcanzar
nuestros objetivos, tanto personales como sociales y
de salud. Además, el autor también vincula su investigación
multidisciplinar con ciertas tradiciones,
que aparecen ahora con una vigencia sorprendente
ante los avances de la ciencia cuántica.

Una obra práctica que también incluye varios ejercicios para convertir nuestro intelecto en un aliado cada vez más eficiente de las energías.

Paso a paso, aprenderemos a detectarlas y usarlas favorablemente, así como a potenciar nuestra capacidad para trabajar creativamente con ellas. Y los beneficios se extienden incluso a nuestro sistema inmunológico, a la producción de neurotransmisores y la autosanación.

En resumen, un reto del que sólo obtendremos plenitud vital y que nos acerca a aquello que algunos definen como ser feliz.

Somos energía cuántica

Somos energía cuántica

Jorge Blaschke

ROBIN
BOOK

© 2020, Redbook Ediciones, S. L., Barcelona

Diseño de cubierta e interior: Cifra

Fotografía de cubierta: iStockphoto
Fotografías interiores: Pág 26-27 Pniti Marta, pág. 38-39 Christine Landisg, pág. 54-55
H. Assaf, pág. 68 Vagner Gamba, pág. 72-73 stockimages, pág. 96-97 Fran Priestley, pág. 119
Bruno Sersocima, pág. 122 Emin Ozkan, pág. 129, 140-141 Marcelo Terraza. Págs. 14-15,
20-21, 22, 32-33, 34, 48-49, 50, 62-63, 64, 78-79, 80, 90-91, 92, 104, 112-113, 114, 132-133,
134, 154-155, 156, 172-173, 178-179 agencia iStockphoto

ISBN: 978-84-9917-585-0

Depósito legal: B-4.562-2020

Impreso por Promotion Digital Talk, s.l. Gran via de seat, s/n, 08760 Martorell, Barcelona

Impreso en España - *Printed in Spain*

Índice

Introducción

Mayo de 1968. En las escalinatas del Odeón de París, Louis Pauwels[1] nos decía a un grupo de estudiantes: «Si queremos cambiar las estructuras sociales, lo primero que tenemos que hacer es cambiar las estructuras mentales». Con esas palabras nos quería decir que es evidente que si no variamos nuestra forma de ver y pensar sobre el mundo, no podemos cambiarlo, ni transformarnos nosotros mismos. Para ver y para comprender el mundo que nos rodea, para utilizar su fuerza y su energía, tenemos que cambiar nuestra forma de verlo y nuestra forma de pensar.

Actualmente sabemos que cualquier pensamiento tiene la capacidad de alterar nuestro cuerpo, porque con él se segregan ciertas hormonas, se liberan neurotransmisores químicos, se altera nuestro sistema inmunológico y se modifica el ritmo de nuestro corazón, nuestra respiración y, en consecuencia, la oxigenación de nuestro cerebro. Todas las reacciones corporales se producen a causa de nuestros pensamientos.

El nuevo paradigma que se abre ante nosotros, a través de las teorías de la física cuántica y la cosmología, nos obliga a replantearnos nuestra forma de actuar y pensar con respecto a nosotros mismos y a reconocer que existen unas energías internas y externas que podemos aprovechar para evolucionar y armonizar nuestra vida y nuestro cuerpo.

---

1. Autor, junto a Jacques Berger, de *El retorno de los brujos*, y director de la revista *Planète*.

Los antiguos chamanes ya conocían intuitivamente estas energías y las utilizaban en beneficio de ellos y de los componentes de sus tribus. Su mundo estaba unido, todos formábamos parte de un todo, como nos explicaban los sabios Sris de la India en sus textos sagrados, las *Upanishad*. Dos mil años más tarde, la física cuántica ha vuelto a revisar esta manera de pensar de los chamanes. Para llegar hasta hoy, ha sido necesario un largo recorrido, ya que durante muchos siglos el mundo hizo caso omiso a estas sabidurías primitivas y emprendió un itinerario diferente. Apareció Descartes e hizo la primera gran división entre la mente y la materia, división entre lo externo y lo interno, entre el mundo objetivo y el subjetivo. El ser humano adquiría una mente personal y subjetiva frente a todo lo que le rodeaba. Años más tarde, con Newton se refuerza el dualismo que había aparecido en la religión de Zaratrusta en Herat (Afganistán), hace cerca de 2.600 años.

Hasta la teoría de la relatividad de Einstein no se unificó la materia y la energía, y también aparecía una nueva dimensión: el tiempo. Con la física cuántica se postula que los átomos, a veces, son partículas y, en otras ocasiones, ondas, y que las partículas responden a la mente del observador, por lo que la mente subjetiva influye en el comportamiento de la energía y la materia. Con las nuevas teorías de la física cuántica ya no está separado el mundo de la materia y el mundo de la mente, ya que se encuentran relacionados y la mente ejerce un efecto directo sobre la materia. Así, vemos que influimos en el diminuto mundo infinitesimal de las partículas subatómicas, y resulta que nosotros estamos constituidos por ese mundo, somos ese mundo.

Vemos, pues, que si las partículas son capaces de convertirse en energía y están sujetas a la influencia del observador, nosotros podemos alterar ese submundo interior y exterior aprovechando y modificando el comportamiento de esas energías. Sólo es cuestión de que dirijamos firmemente nuestro cerebro, siempre y cuando nuestro estado mental sea el apropiado.

A lo largo de este libro hablaremos de esas energías, como utilizarlas, como contactar con ellas, como aprovecharlas dentro de nuestras relaciones con los demás y en provecho de nuestro propio cuerpo.

Sabemos que nuestros pensamientos influyen en nuestro cuerpo y más allá de él. Tenemos la oportunidad de moldear nuestro pensamiento y, en consecuencia, de cambiar nuestra vida. Tenemos que replantearnos si preferimos una vida estresante, llena de ansiedad, con un descontrol de nuestras emociones y un continuo recuerdo de experiencias pasadas desagradables; o una vida en la que, con nuestra mente, armonizamos y curamos nuestro cuerpo, una vida dentro de un campo cuántico que nos ofrece unas energías que nos pueden hacer evolucionar y desarrollar nuestro cerebro, así como armonizar nuestra vida social.

Hoy vivimos en un sistema donde el miedo y la vida rutinaria impiden desarrollar nuestro cerebro y utilizar nuestra mente en valores superiores, un sistema que nos atenaza y paraliza nuestras conexiones neuronales, a través de miedos, falsas creencias y condicionamientos sociales.

Creer en el poder de nuestra mente y en la capacidad que tenemos de utilizar las energías que nos brinda el campo cuántico significa alcanzar un nuevo estado mental. Pero, para ello, debemos buscar lo desconocido e imprevisible, iniciarnos en nuevas experiencias mentales, imaginar lo inimaginable, tener una visión ilimitada de la realidad y del Universo, desprendernos de los viejos valores, ser conscientes de que existe una consciencia mayor que nos une a todas las cosas, aprovechar las energías internas y externas, aprender a controlar nuestra química interna y aprovechar esta gran ocasión que nos ha dado la naturaleza.

Dice el escritor Ray Bradbury, en uno de sus relatos, que «la mayor parte de nuestro tiempo no utilizamos ni la mitad de lo que Dios nos ha dado. Tal vez hay algo equívoco en el modo de soplar el viento en aquellos cañaverales. Tal vez es el reflejo del sol sobre aquellos alambres telegráficos, o las cigarras cantando en los olmos. Si pudiéramos detenernos, mirar, escuchar unos cuantos días, unas cuantas noches y comparar notas...». Es hora de que nos detengamos, escuchemos con nuestra consciencia con el fin de cambiar y utilicemos nuestra mente de otra forma. No podemos esperar mucho tiempo, pues siempre es demasiado tarde para empezar a cambiar.

Explica Jean Rostand que «durante el acto sexual entre el hombre y la mujer, un sólo movimiento, un solo gesto o un suspiro influirán en que sea uno y no otro espermatozoide el que penetre en el óvulo, y será, pues, otro ser el que, nueve meses más tarde, verá la luz del día...». Tal vez este hecho nos sirve para reflexionar y darnos cuenta de la gran importancia que tiene nuestra existencia. Deberíamos considerar que para llegar a donde estamos, hemos competido contra ochenta millones de espermatozoides para alcanzar el óvulo femenino. Sólo ha llegado uno de ellos, que hoy nos representa a nosotros, el resto ha muerto. Somos el fruto de una probabilidad entre ochenta millones, y sólo eso es suficiente para valorar nuestra existencia y esforzarnos en desarrollar al máximo nuestra mente. Y ese desarrollo sólo podremos alcanzarlo si sabemos aprovechar, transformar y utilizar las energías internas y externas que nos rodean. Por lo menos, estamos en deuda con ochenta millones de espermatozoides, que podrían ser otro yo distinto al nuestro, tal vez mejor y más consciente de su importancia.

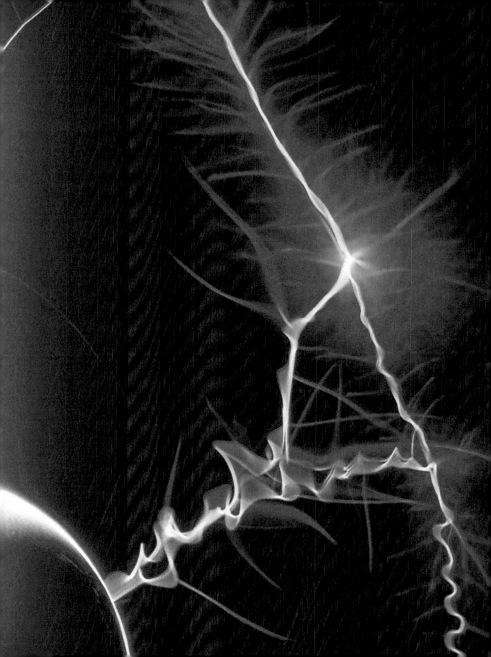

1

Vivimos inmersos
en un infinito
campo de energía

Todo nuestros cuerpo habla y obra más allá de nosotros. Si el aleteo de un
pájaro conmueve para siempre el Universo, según la bella frase de Michelet,
¿por qué no ha de obrar del mismo modo nuestra sangre, el pelo, las uñas, la
imagen, el retrato, el eco de la palabra y el silencio del pensamiento?

Edmundo González Blanco

PARTIR DE CERO Y EMPEZAR
A RECONSIDERAR OTRA REALIDAD

Los nuevos avances de la ciencia, especialmente en los campos de la física cuántica, la psicología transpersonal y la cosmología, están haciendo emerger nuevas teorías y realidades que cuestionan todas nuestras creencias, nuestras ideas acerca del Universo que nos rodea y la manera de definirnos a nosotros mismos. Todos los descubrimientos apuntan a apoyar que el ser humano es un ente en evolución con grandes posibilidades en sí mismo, con una fuerza que lo une a todo el Universo y lo convierte en un ser de poderes divinos.

«¿Nos encontramos ahora en un nivel que con el paso del tiempo culminará en algo que sólo la palabra «espíritu» puede describir? ¿Somos la crisálida, la larva, o quizás el huevo aún no incubado?»

Arthur C. Clarke

Antes de entrar en las posibilidades energéticas y cuánticas que tenemos y la forma de utilizarlas, voy a tratar de explicar al lector la importancia del campo energético que nos rodea y su interconexión con el punto de vista de la física y la cosmología cuánticas. Si el lector desea ampliar estos conocimientos recomiendo que lea *Más allá de lo que tú sabes*,[2] donde se aborda más ampliamente el nuevo paradigma científico que emerge en la actualidad.

Entrar en el nuevo paradigma significa que tenemos que aceptar que algunos principios que nos han inculcado ya no son válidos. Debemos empezar de nuevo a pensar y considerar que los valores y creencias del mundo actual pueden estar equivocados. El consejo de muchos científicos es que partamos de cero y empecemos a reconsiderarlo todo bajo la luz de los nuevos descubrimientos.

Eso implica ciertos peligros ya que suspender las creencias actuales, cuestionar el orden de las cosas existentes y ser revolucionario en las ideas supone coquetear con el suicidio profesional y puede conducir a que seamos considerados por otros como poco cuerdos y poseedores de una imaginación de ciencia ficción. En realidad, el sistema quiere que nos conformemos y que aceptemos las creencias y los valores actuales. El orden actual de las cosas busca que nadie se salga de lo establecido. El sistema nos bombardea con imágenes y falsos valores para que no podamos reflexionar, pensar, dudar...

«...la búsqueda del conocimiento avanza funeral tras funeral, porque los viejos paradigmas sólo mueren cuando lo hacen los creyentes en los viejos paradigmas.»

Ken Wilber (*Espiritualidad integral*)

EL CAMPO ENERGÉTICO UNIVERSAL

Los científicos afirman que vivimos en un vasto campo cuántico y que estamos conectados en un gran tramado invisible que denominan Campo Punto Zero.

La física cuántica sabe que nunca se puede saber con seguridad absoluta en qué se convertirá una cosa en concreto. También sabe que el Universo es un todo

2. Blaschke, Jorge; *Más allá de lo que tú sabes*, Ediciones Robinbook, Barcelona, 2008.

unificado cuyas partes interactúan unas con otras. Dentro del mundo de la física cuántica, el observador influye en lo observado, es decir, no es posible observar la realidad sin cambiarla. Ningún objeto o ser viviente es independiente de la conciencia humana, porque todo está unido por un vasto campo de energías.

Los físicos cuánticos han descubierto que determinadas partículas se comunican entre ellas, y que pueden tener memoria. Esas partículas son, a veces, partículas y, en otras ocasiones, ondas. En cualquier caso, siempre están en vibración. Y lo más importante es que nosotros, los seres humanos, estamos formados por partículas que vibran, se mueven y salen y entran de nuestros cuerpos, razón por la cuál muchos científicos creen que la clave para la comprensión del Universo está en nosotros mismos.

«Todos estamos en todo, y nuestras vidas no son piezas, sino totalidad. Somos la totalidad del mundo.»

Erwin Schrödinger

Somos parte del Universo y de ese inmenso campo de energía que lo forma, nuestros pensamientos son fragmentos de información concentrada, y el espíritu es el proceso por el cual se engendra el átomo a través de la energía, tal como explica Frank Harem.

SOMOS PAQUETES DE ENERGÍA CUÁNTICA

En realidad, los seres humanos somos paquetes de energía cuántica que se intercambian información de una forma constante entre unos y otros sin que nosotros lo percibamos, pero produciendo unos resultados y efectos que alteran nuestro organismo y nuestra forma de actuar. Poniendo el ejemplo más simple, cuando dos personas, una frente a la otra, conversan, no sólo se están transmitiendo in-

formación verbal y visual, sino que miles de átomos están pasando de un cuerpo a otro, a la vez que nuevos átomos llegan de regiones lejanas de la tierra y el Universo y se integran en este intercambio y esta constante danza cósmica.

Parece evidente que, de la misma forma que una partícula se modifica cuando la observamos (como describe un principio de la física cuántica), nosotros también modificamos algo al observar a otra persona. Es evidente que los seres humanos son capaces de influir en otros seres vivos a muchos niveles. Nuestro influjo dependerá de cuánto nos importe el objeto de la influencia y de la correcta utilización de nuestra mente.

De la misma manera que influimos en las personas podemos hacerlo en los objetos. Tal vez los podríamos mover, el problema es saber cómo hacerlo. O atravesar una pared, si estructuramos nuestros átomos con los de la pared. Sobre este último aspecto cabe decir que las posibilidades de atravesar una pared son muy reducidas. Bajo el aspecto de la mecánica cuántica, podemos pasar una vida o toda una eternidad intentándolo…, pero también puede ocurrirnos mañana mismo.

«Cada molécula de nuestro cuerpo toca una nota que está siendo oída en todo el mundo.»

Lynne McTaggart (*El campo*)

De niño, cuando viajaba en un medio de locomoción público, jugaba con otros compañeros a ver quién tenía más fuerza con la mente. Lo hacíamos concentrándonos en el cogote de un viajero/a, mirándolo fijamente con el fin de que volviera la cabeza. En muchas ocasiones, veíamos cómo aquella persona terminaba volviéndose y mirándonos o, simplemente, cómo se rascaba el cogote. Nosotros cronometrábamos el tiempo para cuantificar el poder de la mirada. No cabe duda de que aquellas personas estaban recibiendo un flujo mental, un «chorro» de partículas que les hacía notar que algo en su espalda los estaba «llamando». Aquel juego inocente no era otra cosa que una comunicación cuántica.

La física cuántica ha demostrado que, sin causa aparente, los electrones eligen pasar de un estado de energía a otro. Es posible que este comportamiento dependa de comunicaciones entre partículas, de mensajes psicológicos y emociones que no dominamos.

Nada está aislado, si como dicen los físicos cuánticos las partículas están conectadas entre sí, tienen memoria y se comunican, nosotros, que estamos formados por partículas, somos algo más que simples cuerpos aislados. Es evidente que, en estas circunstancias, todo ser viviente es una configuración que está conectada a un campo de energía y se interrelaciona con el Todo.

Si una partícula puede influir en cualquier otra partícula a cualquier distancia, tenemos que replantearnos que existe algo más: un campo de energía donde todo esta unido.

«Científicos de todo el mundo están empezando a corroborar que el cerebro funciona por procesos cuánticos. En cuanto a la memoria, más que estar localizada con precisión, se ha demostrado que se redistribuye por todas partes, de modo que cada parte contiene la totalidad.»

Lynne McTaggart (*El campo*)

Los humanos siempre estamos conectados con este «campo de energía», pero lo cotidiano, lo superfluo, nos limita e impide que estemos abiertos a la «frecuencia» del Universo. Sólo cuando estamos atentos, cuando somos conscientes de nosotros mismos, cuando vivimos intensamente el presente o cuando estamos en un estado modificado de consciencia abrimos esa «frecuencia». La relajación y la integración en el mundo profano limitan nuestras posibilidades.

LA MEMORIA DEL CAMPO AKÁSICO

Los científicos creen que la memoria puede estar almacenada en todo ese campo energético que nos rodea. Si esto es así, nuestro cerebro no es un medio de almacenamiento, sino un sistema de recepción. Por ora parte, hoy sabemos que cada neurona del cerebro puede conectarse al mismo tiempo y «hablar» con todas las demás simultáneamente a través del proceso cuántico interior.

El campo cósmico de conexión que conserva y transmite la información ha sido denominado por los sabios de Oriente como campo akásico. Así, vemos cómo la física actual ha demostrado lo que ya decían muchas civilizaciones antiguas: que estamos unidos por conexiones imperceptibles con el Todo.

Si existe una memoria akásica, muchas de nuestras leyendas antiguas pueden tener remotos ecos provenientes de hechos ocurridos en otros confines del Universo, hechos del pasado acaecidos antes de la aparición de nuestra humanidad pero que se han transmitido a través de las partículas cósmicas. Es posible que la historia sobre una «caída» de la humanidad y nuestra expulsión del Cielo, un relato que aparece en casi todas las leyendas de las civilizaciones antiguas, sea en realidad el recuerdo de nuestra separación respecto a la unidad del cosmos.

«Si no entendemos nuestra propia estructura íntima, nuestra psiquis, nuestro sentir y nuestro pensar, ¿cómo habremos de entender otras cosas?»

Jiddu Krishnamurti

Nosotros formamos parte de ese campo energético que nos rodea, en realidad somos el campo, por lo que formamos parte del proceso. En realidad, somos un paquete complejo que, bajo el prisma del ego, cree actuar independientemente, pero formamos parte del Todo y, si así lo creemos, podemos interconectarnos con todo, aumentar nuestra sensibilidad paranormal, sanar y armonizar nuestro cuerpo y el de los demás.

Es posible que otras formas de vida del Universo hayan accedido a la utilización de ese campo de fuerza energética que nos rodea y que está en nosotros. Por ahora, esas formas de vida sólo intentarán comunicarse con nosotros cuando alcancemos su mismo nivel de conocimiento. Mientras tanto, sólo se limitarán a observarnos en «visitas» informales que, para nosotros, serán esos fantasmas que vemos, esas luces que aparecen en lugares extraños, esos personajes que nos hablan en sueños, los ovnis o los encuentros en la tercera fase.

«Los dioses no nos hablaran cara a cara hasta que nosotros mismos tengamos un rostro.»

C. S. Lewis

Es evidente que el mundo y el Universo es mucho más de lo que vemos, pensamos e imaginamos. El Universo es un campo energético que contiene la información de todo su pasado, presente y futuro. Un Todo que interactúa con nosotros aunque nosotros no lo apreciemos. Por eso debemos buscar esas conexiones y estar abiertos a sus mensajes, ya que formamos parte de ese Todo.

En el mundo materialista y racional en que vivimos, somos espectadores de lo que nos rodea; en el mundo de nuestra consciencia cuántica, podemos influir en todo lo que nos rodea; en realidad, cualquier acción nuestra tiene repercusión en los confines del Universo.

«Tal vez, apretando en esta esquina de la mesa, esté matando a un mandarín en China.»

Jean Jacques Rousseau

Hasta ahora hemos permanecido indiferentes a la presencia del campo de energías que nos rodean; si hemos sentido algo, siempre lo hemos atribuido a causas ajenas a esa realidad. Ahora, la ciencia nos dice que existen unos flujos energéticos a nuestro alrededor y dentro de nosotros, y que debemos agudizar nuestra sensibilidad y estar alerta ante estas corrientes cósmicas.

2

Unas leyes en
plena vigencia

*La verdadera sabiduría sólo puede hallarse lejos de la gente, en profunda
soledad, y no se encuentra en la acción sino en el sufrimiento.
La soledad y el sufrimiento abren la mente del ser humano y,
de este modo, el chamán debe buscar su sabiduría allí.*

Igjuârjuk (dicho a Knud Rasmussen)

UNAS CREENCIAS TAN ANTIGUAS
COMO LA CONCIENCIA HUMANA

Sugestiona pensar que las civilizaciones antiguas ya reconsideraban la idea de que existe un amplio campo de energía que nos rodea, pero aún asombra más descubrir que los sabios de esas civilizaciones incipientes desarrollaron leyes para utilizar tales energías y que esas leyes están hoy en día en pleno vigor.

Los antiguos chamanes de Siberia, aquellos que más tarde atravesarían el estrecho de Bering para colonizar América, eran animistas que sabían que existían brechas, aperturas en el espacio-tiempo para acceder a otras realidades donde vivían otros espíritus que los aconsejaban y los ayudaban en la tarea de guiar a sus pueblos o curar enfermedades de sus congéneres.

> «En la naturaleza se encontrarían los secretos más sutiles, los de las energías que estructuran el cosmos y al hombre a través de numerosos niveles de su realidad.»
>
> Frederic Lenoir (*La metamorfosis de Dios*)

La creencia de los chamanes es reveladora; cualquier físico cuántico podría corroborar la visión chamánica del mundo y apreciaría, con sorpresa, que no difiere mucho de las nuevas teorías cuánticas o cosmológicas que se estudian en el nuevo paradigma cuántico.

«Las raíces del chamanismo son arcaicas, y algunos antropólogos las consideran tan antiguas como la propia conciencia humana.»

Rupert Sheldrake (*El renacimiento de la naturaleza*)

Para un chamán, todas las partes del mundo están interconectadas con todos los niveles de la realidad. Cualquier comportamiento que tengamos no sólo afectará a nuestro ser, sino que afectara a todo el Universo y tendrá un efecto y una repercusión. Nuestras acciones repercuten, no sólo en nuestras vidas, sino en la misma historia de la humanidad, y, en consecuencia, en la historia de del Universo.

«Todas las cosas, aunque son diferentes, están unidas.»

Nicolás de Cusa

«La divinidad innata es el centro del chamanismo.»

Harold Blood

CUANDO EL ALETEO DE UNA MARIPOSA CONMUEVE EL MUNDO

Un ejemplo de este hecho lo tenemos en la conocida historia del herrero que clava mal un clavo de la herradura del caballo de un general. Como consecuencia, el caballo pierde la herradura, el general cae de su caballo y no puede dirigir la batalla, la batalla se pierde y, en consecuencia, al ser una batalla decisiva, se pierde la guerra, y tras esto toda una serie de hechos afectan al país perdedor y la historia de la humanidad... ¡Solamente por la pérdida de un clavo!

Cualquier acción, por insignificante que sea, tiene una repercusión y sus consecuencias son ilimitadas e infinitas.

Imaginemos a un viajero del tiempo que viaja al pasado y, por consejo de los científicos que lo han enviado, se limita simplemente a mover una piedra.

¿Es posible que cuando regrese al presente todo sea distinto? Aquella piedra ha podido ser un nido de una nueva especie de insectos, o en su base se cobijaba un microbio que no ha podido evolucionar... ¡quién sabe todo lo que eso representa!

«Durante el acto sexual entre el hombre y la mujer, un sólo movimiento, un solo gesto o un suspiro influirán en que sea uno y no otro espermatozoide el que penetre en el óvulo, y será, pues, otro ser el que, nueve meses más tarde, verá la luz del día...»

Jean Rostand

Otro ejemplo de la importancia de un pequeño detalle lo tenemos en la teoría del caos, en la metáfora del llamado «efecto mariposa», según el cual, en un momento crítico de la formación del clima en la Tierra, incluso el aleteo de una mariposa envía ondas que pueden inclinar el equilibrio de fuerzas y provocar una fuerte tormenta. Del mismo modo que una nota musical puede romper un cristal, una combinación de notas puede constituir una energía metafísica.

NADA ESTÁ EN REPOSO, TODO VIBRA

Siguiendo con las creencias de los chamanes, para estos «brujos», los objetos perceptibles a los sentidos humanos son solamente una parte de las pautas de las energías. Existen muchas más energías que no son captadas por nuestros sentidos, que no son percibidas. Y, posiblemente, esto es así porque no estamos abiertos a ellas.

Para los chamanes, todo tiene vida, incluso una piedra. Es evidente que una piedra no es más que un conjunto de moléculas que están vibrando. Como veremos más adelante en las leyes de Hermes Trimegisto, «nada está en reposo,

todo se mueve, todo vibra», y esto es algo que lo saben muy bien los físicos cuánticos.

«Hoy podemos afirmar, con considerable seguridad, que la sabiduría de Oriente resulta ser el fundamento filosófico más compatible con nuestras teorías científicas modernas.»

Fritjot Capra (físico de la Universidad de California)

Finalmente, diremos que los chamanes creen que el Universo es sagrado y tiene un propósito y un significado. Algo que la filosofía moderna se está replanteando dentro de cierto aspecto panteísta.

El doctor en física cuántica Fred Alan Wolf, que estudió durante varios años el chamanismo integrándose en sus costumbres y su modo de vida, destaca una serie de puntos que vale la pena mencionar, ya que también tienen una repercusión en el comportamiento humano.

Así, destaca que todos los chamanes ven el Universo como constituido por vibraciones. Si aceptamos el nuevo paradigma cuántico, un aspecto que tenemos que empezar a considerar es que tenemos que ser conscientes de que todo lo que nos rodea está vibrando, aunque nosotros lo veamos de forma sólida. El hecho de considerar este aspecto como real puede ayudarnos en nuestro trabajo al utilizar las energías.

También hay que destacar que los chamanes perciben la realidad en un estado de conciencia alterada o modificada, un estado superior de conciencia. Para nosotros, un estado modificado de conciencia se produce cuando llegamos a los límites de la meditación, cuando nos integramos con la naturaleza, cuando disparamos nuestras sustancias endógenas o ingerimos sustancias enteógenas.[3]

3. El término «enteógeno» significa «Dios dentro de nosotros». Se consideran sustancias enteógenas aquellas que llevan a un estado modificado de consciencia y no producen adicción. Tales como la ayahuasca o el peyote.

«Los estados superiores de conciencia son estados que ya
se hallan potencialmente presentes en todos nosotros y
que están relacionados con aspectos tales como la intuición, la creatividad, la imaginación y similares. Estados,
en suma, que forman parte integral del ser humano y a
los que incluso los niños pueden tener acceso.»

J. H. Cohen y J. F. Phipps

Para Allan Wolf, los chamanes penetran en mundos paralelos. Hoy la física
cuántica nos habla de la posibilidad de la existencia de estos mundos, donde las
dimensiones son distintas y las leyes de la materia y del tiempo también; son
universos como los mundos oníricos que nos abren sus puertas cada noche al
sumergirnos en el sueño, ya que durante los sueños rompemos las barreras del
espacio-tiempo. Dice Michael Talbot[4] que, cuando despertamos, el espacio-
tiempo del sueño se derrumba.

VALERSE DE LEYES CONTRA LEYES

«El falso sabio reconoce la comparativa irrealidad del Universo y se figura que
puede desafiar sus leyes; pero los elementos lo retuercen y lo estrellan contra
las rocas a causa de su locura. Sin embargo, el verdadero sabio reconoce la naturaleza del Universo, se vale de leyes contra leyes, de las superiores contra las
inferiores y, por arte alquímica, trasmuta lo siniestro en armónico, y así triunfa.
La maestría no consiste en sueños anormales, visiones fantásticas imaginadas u
objetivas, sino en valerse de las fuerzas superiores contra las inferiores y en eludir las penas de los planos inferiores vibrando en los superiores. La transmuta-
ción y no la presuntuosa negación es el arma del Maestro.»

Este párrafo pertenece a un fragmento de *El Kybalión*, libro que presunta-
mente escribió Hermes Trimegisto (o Trimegistus), sabio que floreció en el

---

4. Talbot, Michael, *Misticismo y física moderna*, Editorial Kairós, S.A., Barcelona, 2008.

Antiguo Egipto. Se desconoce con exactitud la fecha exacta de su nacimiento y los años que vivió, aunque una leyenda le atribuye una edad de trescientos años. Lo que sí parece real es que los egipcios lo colocaron entre sus dioses con el nombre de Toth. De Hermes Trimegisto se puede decir que fue el verdadero fundador del arte alquímico hermético. En *El Kybalión,* nos narra la existencia de un libro que sólo llega a las manos del discípulo cuando éste está dispuesto a recibir la verdad. De este personaje hemos recogido siete leyes que, al margen de ser de una rabiosa actualidad dentro de los descubrimientos de la ciencia actual, también tienen una aplicación en el comportamiento de las personas. Por eso, en los próximos capítulos, tendremos muy en cuenta estos «principios» al utilizar la energía que nos envuelve dentro de nuestra vida cotidiana.

«Siete son los principios de la Verdad, y quien comprensiblemente los conoce posee la mágica llave a cuyo toque se abren todas las puertas del templo.»

Hermes Trimegisto (*El Kybalión*)

Enunciaremos estas siete leyes y trataremos de explicar su contenido bajo un aspecto más psicológico que científico, aunque en este segundo aspecto también tienen un contenido muy sabroso.

Los siete principios son: Mentalidad, Correspondencia, Vibración, Polaridad, Ritmo, Causa y efecto, y Generación.

Veamos a continuación más atentamente estos principios y su relación con nuestro ser.

• *Mentalidad.* Hermes afirma que todo es mental, que incluso el Universo es mental. Esto está en concordancia con la física cuántica. Recordemos que muchos científicos aseguran que el cerebro funciona por procesos cuánticos, y que todos estamos en el Todo, que somos la totalidad del mundo. Por lo tanto, nuestra mente es mucho más de lo que imaginamos y tiene más posibilidades de lo que creemos.

• *Correspondencia*. Destaca Trimegisto con este enunciado que así como arriba es abajo, abajo es arriba. El mundo infinitamente pequeño es como el mundo infinitamente grande. Todo sigue estando unido, nuestro contacto no es sólo con el macrouniverso, sino con el microuniverso, lo que nos permite acceder a la célula más insignificante desde nuestra mente. Esto nos permite autosanarnos.

• *Vibración*. Nada está en reposo; todo se mueve; todo vibra. Para Trimegisto no existía la materia, y creía que lo que así llamábamos no era más que «energía entorpecida» o en muy baja modalidad de vibración. Es asombroso constatar cómo este principio coincide con los nuevos postulados de la física cuántica, que afirman que todo está en vibración, que las partículas son partículas y ondas a la vez. Bajo este aspecto nada está muerto en la naturaleza, todo vibra, y, por tanto, nuestra comunicación (o intercambio de partículas) con una piedra es un hecho real.

• *Polaridad*. Para Trimegisto, todas las cosas son duales, todas tienen polos, todas tienen un par opuesto. Pero los extremos se tocan. Todas las verdades son verdades a medias y toda paradoja se puede esclarecer. Evidentemente, estamos ante un excelente consejo para aplicarlo a nuestra vida cotidiana. La nueva filosofía cuántica apunta a que todos los postulados son verdades a medias, válidos inicialmente hasta que otra nueva teoría aparezca ampliándolos o sustituyéndolos.

• *Ritmo*. Este principio destaca que todas las cosas fluyen y tienen su flujo y reflujo. Todas las cosas manifiestan la ley del péndulo. La medida de oscilación a la derecha es la misma que la oscilación a la izquierda. El ritmo es compensador. Es evidente que si uno no está en equilibrio y en armonía difícilmente puede gobernar su vida. No podemos vivir cargados de ira, o miedos..., nuestra vida debe estar compensada.

• *Causa y efecto*. Hermes asegura que cada causa tiene su efecto; todo efecto tiene su causa. La casualidad no es más que el nombre dado al efecto de una ley desconocida. Éste es un hecho del que ya hemos hablado al comienzo de este capítulo. Todas nuestras acciones en la vida tendrán un efecto, por eso es determinante actuar con conocimiento. Lo que hoy hagamos repercutirá en nuestro futuro sin ninguna duda. Los acontecimientos que suframos en el futuro serán consecuencia de nuestras acciones del pasado. Si nuestra vida es desastrosa es debido a que nosotros mismo la hemos construido así.

• *Generación.* Finalmente, el séptimo principio de Trimegisto destaca que en todas las cosas y en todos los planos se manifiesta el género. Todo tiene un principio masculino y un principio femenino. Evidentemente nuestras cadenas de ADN están formadas en todos los seres humanos por una transmisión genética de nuestra madre y nuestro padre, un 51 % de la primera y 49% del segundo.

«En el Universo, bajo el Universo y tras el Universo de tiempo, espacio y variación, se halla siempre la substancial realidad, la Verdad fundamental.»

Hermes Trimesgisto

EL SUFISMO, UNA TRADICIÓN METAFÍSICA

No quiero entrar en los siguientes capítulos sin antes añadir otras reglas, que pueden ser de mucha utilidad para la vida cotidiana y nuestra relación con la sociedad y el Universo que nos rodea.

En este caso la información proviene de la tradición sufí, se trata de las conocidas Reglas Naqshbandis. Respecto al sufismo, destacaré que no es ni un culto ni una religión: es una filosofía práctica que ofrece un conocimiento esotérico. Esta antigua sabiduría cubre todos los aspectos de la vida y representa una tradición metafísica sobre el principio y la naturaleza de las cosas. También comprende una cosmología respecto a la estructura del Universo y los múltiples estados del ser, así como una psicología tradicional sobre la estructura de la esencia del ser humano. Finalmente, diremos que el sufismo también es una escatología referente al fin postrero del hombre y del Universo, así como del devenir.

En definitiva, el sufismo, con su enseñanza, pretende que el ser humano piense y actúe de una forma correcta, que viva sin filtros distorsionadores de la realidad. En todo momento pretende recordarnos quiénes somos, pretende despertarnos de este sueño que para el sufismo es la vida ordinaria.

Las Reglas Naqshbandis pueden ser muy útiles en nuestra vida, especialmente si nuestra actividad se mueve dentro del nuevo paradigma científico, aceptando que formamos parte de un todo, que nuestra mente es cuántica y que somos entes que vibran como todo lo que existe en el Universo.

«El hombre es el microcosmos; la creación, el macrocosmos; la unidad. Todo procede del Uno. Por medio del poder de la contemplación puede lograrse todo.»

Jadar Sadiq

LAS ONCE REGLAS NAQSHBANDIS

Analizaremos los enunciados de las once Reglas Naqshbandis y su relación con nuestra vida cotidiana para entrever cómo nos pueden ser útiles en nuestra actividad diaria.

• *Conciencia de la respiración.* Respirar es lo primero que hacemos cuando nacemos, y una espiración será lo último que haremos al morir. Ser consciente de la respiración es darnos cuenta de su importancia. La respiración es un acto importante en nuestra salud, ya que a través de ella oxigenamos nuestro cerebro. Dice Goraksashatakam que cuando la respiración es inestable, todo es inestable, pero cuando está tranquila, todo lo demás esta tranquilo. Por eso debemos controlar cuidadosamente la respiración.

• *Mirar fijamente los pasos.* Mirar fijamente los pasos es tener consciencia de las acciones, atención en todo lo que uno hace. Vivir el presente. Ya hemos explicado que nuestro futuro dependerá de nuestras acciones en el presente. Es como la sexta ley de Hermes Trimegisto, referente a la causa y el efecto.

- *Viajar por la propia tierra.* Con este enunciado se exhorta a explorar nuestra propia mente, nuestra psicología, nuestros deseos y sentimientos. Viajando por la propia tierra uno llega a conocerse a sí mismo.

- *Soledad en compañía.* Es la habilidad de apartar la propia conciencia de la compañía, así como volverla a conectar. Podemos estar rodeados de mucha gente, pero ser conscientes de nosotros mismos.

- *Recordar.* Recordar es concebir que hay un contacto «interrumpido» entre la humanidad y el más allá. Formamos parte de un todo con el Universo y debemos ser conscientes que todo ese Universo quiere contactar con nosotros a través de nuestra consciencia y facilitándonos sus energías.

- *Contención.* Con este término los sufíes quieren decir literalmente «retraer»; retraerse para concentrarse cuando meditamos o nos dedicamos a la lectura de temas importantes.

- *Vigilancia.* Es la exclusión de distracciones, el estar atento a percepciones sutiles. La naturaleza nos habla y debemos estar atento a sus mensajes, la energía del Universo nos envuelve y debemos saber cómo aprovecharla, cómo sentirla.

- *Recogimiento.* Este término se interpreta como «observar», esto significa volverse consciente de la Verdad Absoluta. Saber observar el mundo como algo que no es real y que se manifiesta en nuestros sentidos de una forma material, cuando en realidad es una ilusión.

- *Pausa de tiempo.* Es saber detener el pensamiento y la acción, y otras pausas en el tiempo. Saber meditar y trascender a la ilusión del tiempo de la misma manera que lo trascendemos en el mundo onírico de los sueños cada noche.

- *Pausa de número.* Como en todas las tradiciones antiguas el sufismo tiene sus mantras, sus fórmulas que repite con el fin de ser consciente, de darse cuenta de que estamos en el aquí y ahora.

• *Pausa de corazón*. Es la visualización del corazón, un ejercicio especial de identificación del individuo con el absoluto.

Estas reglas sufíes, aplicadas a la vida cotidiana, pretenden que el individuo sea consciente de la realidad absoluta, al mismo tiempo que permanece consciente de las limitaciones físicas y materiales del mundo fenomenológico que nos rodea.

«Toda la Creación existe en ti y todo lo que hay en ti existe también en la Creación.»

Kahil Gibram

Hoy, la actividad diaria del ser humano actúa casi siempre contra él y contra su propio desarrollo interior. Si el nuevo paradigma científico nos está explicando que no somos esos entes aislados que nacen, se reproducen y mueren, si no algo más profundo en conexión con el Todo, seres capaces de acceder a las energías del Universo, no podemos seguir centrados en un mundo materialista, racional y conductista.

«Yo estoy en todo y todo está en mí.»

Hazrat Inayat Khan

Estamos rodeados de energías, y nosotros mismo somos energía, partículas en vibración; por tanto, nada impide que utilicemos esas energías para nuestra vida cotidiana, en nuestras relaciones sociales y en nuestra salud. Manejar energías implica un riesgo y un cambio en nosotros mismos. Un cambio que supone, como toda transformación, ciertos peligros. Por ello, nuestro espíritu debe ser noble, debe ser limpio, debe comportar cierta pureza, ya que sólo la mano sin heridas puede tocar el veneno.

3

El despertar
de las energías

*Es la mente la que ha conformado un Universo físico que concibe la vida y,
finalmente, hace evolucionar criaturas que conocen e inventan…
Con ellas, el Universo empieza a conocerse a sí mismo.*

George Wald (*Life and Mind in the Universe*)

UNA MENTE CADA VEZ MÁS ACTIVA

El cerebro del ser humano lleva evolucionando desde hace más de tres millones de años. No cabe duda de que ha experimentado cambios importantes y que la aparición del neocórtex, especialmente el frontal, ha sido algo fundamental para el desarrollo humano. Es muy posible que los antepasados de hace cien mil o doscientos mil años tuvieran el mismo número de neuronas que nosotros, pero hoy sabemos que lo importante no es el número de neuronas, sino las conexiones entre éstas: las sinapsis.

El cerebro de Albert Einstein, que lo donó a la ciencia para ser estudiado, no era más grande que cualquier otro cerebro humano; es más, su tamaño era más pequeño de lo normal, tampoco tenía más neuronas que cualquier otro ser humano, pero las conexiones entre éstas, las sinapsis, sí eran abundantes, más que la media de cualquier otro cerebro. Así y todo, nos recuerdan los especialistas que sólo utilizamos una pequeña parte de nuestro cerebro, y que este porcentaje va aumentando a medida que pasan las generaciones. Hoy en día, un niño de diez años tiene más conocimientos que un adulto en el Medievo. Podemos llegar a afirmar que no somos ni más ni menos inteligentes que otras especies. Simplemente, nuestra inteligencia es cualitativamente diferente de la suya.

En realidad, el cerebro evoluciona a través de los conocimientos que adquirimos, es el primero en querer «despertar» de este bendito sueño en que vivimos, ya que la consciencia del Universo, formada de las mismas partículas, le está reclamando una conexión.

«El hombre encierra en sí una fuerza superior a la de los astros.»

Tycho-Brahe

A medida que nuestra mente evoluciona, también van evolucionando nuestra consciencia espiritual y supranatural. Por tanto, no debemos poner límites a nuestras posibilidades y darnos por seres acabados y definitivos. Podemos influir en nuestro propio desarrollo e intervenir en el aumento de nuestras capacidades. Nuestra sensibilidad cósmica es capaz de captar las energías que nos rodean y trabajar con ellas. Sólo es cuestión de creer en lo que hacemos, de forzar nuestra mente y palpar esas energías potenciándolas en nosotros mismos. A través de ellas podremos sanar y autosanarnos y, también, reconocer las energías de las otras personas.

Las energías que nos rodean están en las partículas de las que formamos parte, también están fuera y en los demás. El uso de las energías nos capacita psíquicamente, potencia nuestras facultades y sentidos. Y de la misma manera que puede alterar las reacciones de los animales, como la placidez y el amansamiento, también puede influir sobre otras personas.

«La actividad eléctrica de los microtúbulos, que se encuentran en el interior de las dentritas y las neuronas cerebrales, debe de estar, de algún modo, en el núcleo de la conciencia.»

Stuar Hameroft (anestesiólogo de la Universidad de Arizona)

LA PRESENCIA DE LAS ENERGÍAS QUE NOS RODEAN

Aceptar que existen unas energías fuera y dentro de nosotros significa un cambio en nuestra forma de pensar y ver el mundo. Para cambiar, que es dejar de ser la persona que se es, no se pueden seguir haciendo las cosas que se hacían antes, no se pueden tener los mismos hábitos ni los mismos pensamientos. Hay que ver el mundo como un gran campo energético y moverse entre esas energías.

Pero, para trabajar con energías hay que reconocerlas, saber captarlas y aprender a conocernos. Sabemos que las energías producen toda una serie de sensaciones en nosotros que son reales, sensaciones que están al alcance de todos y que podemos comprobar. Veamos cuáles son esas sensaciones:

- El contacto con las energías nos hace notar que algo desborda nuestra identidad. Es como si una fuerza nueva nos estuviera envolviendo.
- De la misma manera que llegan pueden irse por muchas causas que ya trataremos más adelante, en estos casos también notamos su pérdida. Cuando perdemos energías notamos una especie de cansancio, un «bajón» que no tiene un motivo aparente, una desconexión con la fuente. ¿Quién no ha percibido esos «bajones» en su estado de ánimo? Sin duda, la energía vital que nos rodeaba es una causa directa.
- Por otra parte, el alejamiento de las energías, una vez ya nos relacionamos con ellas, produce una especie de inquietud. Notamos que nos falta algo esencial y eso nos produce cierto temor. Nos estamos apartando del proceso que aparece y nos sentimos angustiados.
- El estar en contacto con las energías produce alteraciones del espacio-tiempo. Nuestro Universo no es real, y por tanto el contacto con las energías nos lleva a la realidad cuántica.
- Cuando hemos saboreado el contacto con las energías empezamos a tener una pérdida de interés en determinadas actividades que antes eran importantes para nosotros. Es como conocer un profundo secreto del mundo, mucho más interesante que las falsas realidades que nos ofrece el sistema y la vida social.
- El contacto con las energías da lugar al nacimiento de un nuevo estado interior, un estado abierto y carente de egoísmo. Sabemos que estamos en contacto con la esencia de lo que somos, con la fuerza que comunica todo el Universo, con algo, que dicho de alguna manera, es sagrado.
- También podemos sentir alteraciones físicas en nuestro cuerpo, tal como temblores, debilidad, frío, calor u otras sensaciones. Esto es debido a que

experimentamos algo nuevo. En realidad no es algo nuevo, ya que siempre las energías han estado alrededor nuestro, pero ahora somos capaces de notarlas y contactar con ellas.

• Son muchas las funciones que tienen las energías, como veremos más adelante, pero especialmente ayudan a intensificar la unidad con el todo, con todo lo que nos rodea y con el Universo mismo. El despertar de las energías puede sentirse localizado en diferentes partes del cuerpo, en el pecho, bajo el abdomen, en la cabeza..., y, en ocasiones, da la impresión de que se extienden más allá del perímetro del cuerpo. Para tener acceso a las energías tenemos que vivir el presente, ser consciente de nosotros mismos.

«Escucha tu cuerpo, sin juicios, sin referencias; simplemente escucha. Escucha todas las situaciones de la vida cotidiana. Escucha con tu mente, no con una mente dividida en lo positivo y negativo.»

Jean Klein

MALGASTANDO LA VIDA, DISIPANDO LAS ENERGÍAS

Tan importante es conocer la presencia de las energías en nosotros como notar cómo se disipan. Si averiguamos cómo las malgastamos, también sabremos como las producimos.

Hemos de saber cómo se disipan las energías, porque su ausencia es la causa de nuestras enfermedades, de nuestros desequilibrios, de nuestros estados de desarmonía, y nuestros fracasos en las relaciones con los demás.

«Si algo está relacionado con la mente humana y con el cuerpo de manera inteligente, significa que responde a algún propósito.»

Nicholas Humphery (psicólogo de la Universidad de Londres)

Veamos algunas de las causas que contribuyen a disipar nuestras energías:

- Disipamos energías cuando nos levantamos por la mañana con pereza, sin inquietudes sobre el mundo que nos rodea, conformes con una rutina diaria.
- Cuando no consideramos la importancia de los sueños que hemos tenido y no tratamos de analizarlos.
- Cuando el descanso (el dormir) sólo ha significado para nosotros un condicionamiento heredado por nuestra filogénesis animal. No un estado de recuperación energética.
- Cuando nos aseamos rutinariamente y nos arreglamos con el fin de triunfar en el mundo de las apariencias.
- Cuando desayunamos, comemos, cenamos sin prestar atención a estas actividades alimenticias, sin ritualizarlas y desarrollando otras actividades a la vez (ver la televisión, leer, etc.)
- Cuando la alimentación que practicamos no es sana, sino desequilibrada y con un alto contenido en grasas y alcohol.
- Cuando a través de los medios informativos nos implicamos en la violencia o la destrucción, en la crítica destructiva y en los falsos valores.
- Cuando nos enfurecemos, discutimos enérgicamente de problemas mundanos; cuando tenemos ira y vemos a las otras personas con negatividad.
- Cuando el apasionamiento de la codicia o el poder no nos deja ver la realidad del mundo y la vida.
- Cuando los falsos valores tienen más importancia que el misterio de nuestra propia existencia y la existencia del cosmos que nos rodea.
- Cuando maltratamos a los animales, plantas o destruimos el entorno ecológico.
- Cuando vivimos un mundo rutinario, profano y estamos inconscientes de la verdadera realidad.
- Cuando no escuchamos nuestro cuerpo, no lo exploramos ni nos preocupamos de las energías.
- Cuando abordamos el mundo que nos rodea con rigidez, apegados a sus estructuras e identificados con ellas.

- Cuando bloqueamos el flujo de las energías provenientes de fuera de nuestra conciencia al considerarlas como períodos de intensa emocionalidad.
- Cuando nuestros objetivos en la vida son mundanos y la ira, la posesividad, la autocompasión y la rivalidad están presentes.

«Lo contrario de lo sagrado no es la serenidad o la sobriedad, sino la monotonía, el darlo todo por hecho, la falta de interés, el aburrimiento y lo prosaico.»

Huston Smith (*El inconsciente sagrado*)

En realidad, todos los estados negativos contribuyen a disipar las energías, así como los comportamientos automatizados en los que no somos conscientes de nuestra existencia y nos comportamos como máquinas. Los pensamientos negativos contribuyen a una pérdida importante de las energías, igual que la envida, el odio y la falta de dominio de nuestras emociones, la falta de interés por los misterios de la vida y la monotonía.

«Ayer me porte mal con el cosmos. Viví todo el día sin preguntar nada, sin sorprenderme de nada. Realicé acciones cotidianas como si fuera lo único que tenía que hacer.»

Wislawa Szymborska (Premio Nobel de Literatura 1996)

La vida rutinaria y la actividad carente de creatividad nos alejan de los estados energéticos. Para tener energías es preciso crear, realizar nuevas experiencias, meditar, tener una alimentación correcta, huir de la pereza mental y física, realizar relajación y ayunos temporarios, así como la práctica de la introspección. Todos ellos constituyen aspectos clave, como el hecho de contemplar la vida como algo sagrado, ya que todo ello contribuye a facilitar el camino de la transformación interior.

TRABAJANDO CON LAS ENERGÍAS

Hemos visto cómo reconocer las energías a través de las sensaciones que producen. También hemos estudiado cómo se disipan y se pierden. En los próximos capítulos veremos cuál debe ser nuestra actitud para aprovechar al máximo el entorno energético interno y externo y cómo debemos utilizar nuestra mente para conseguir plena consciencia de nuestros actos, es decir, ser conscientes de nosotros mismos. A continuación veremos cómo trabajar con las energías y su importancia en nosotros.

- Debemos, ante todo, estar atentos a nuestro cuerpo y descubrir nuestras propias debilidades y pérdidas energéticas, con el fin de superarlas.
- Tenemos que ser conscientes de que precisamos todas nuestras reservas de energía para poder seguir evolucionando y conseguir un cambio interior que nos facilite un mayor bienestar en la vida.
- Por tanto, no malgastaremos nuestras energías en asuntos profanos, fútiles, innecesarios, carentes de un valor universal. Que nuestros recursos energéticos internos se agoten es un lujo que no nos podemos permitir.
- Debemos extraer energías absolutamente de todo y hacer acopio de ellas.
- Para conseguir estos objetivos, debemos estudiarnos a nosotros mismos, observarnos, manejar las energías que conseguimos y controlar las pérdidas.
- Debemos frenar el mecanicismo de nuestros actos innecesarios, ya que producen fugas de energía. Sólo estando conscientes de nosotros mismos lograremos que las energías crezcan y no se pierdan.
- Tendremos que realizar un esfuerzo interno para transformar nuestras energías negativas en positivas, y, en este esfuerzo, nuestra actitud y nuestra mente tendrán un papel esencial.
- Nos serviremos de nuestros estados anímicos negativos (miedo, amargura, ansiedad, angustia) para extraer de ellos todas las energías negativas y transformarlas en energías positivas que nos permitan alcanzar niveles más altos.
- Buscaremos los lugares cargados de energía que existen por todo el mundo, como veremos en el próximo capítulo. En ellos encontraremos las conexiones con otros lugares y otros tiempos.

• Finalmente, debemos ser conscientes de que los estados negativos, productores de energías negativas, son un reto contra el que hay que luchar para transformar lo negativo en positivo.

 ## Un ejercicio práctico de respiración para captar energías

La respiración controlada puede ser muy útil en determinados momentos de la vida, aquellos instantes en que nos vemos agobiados por el estrés o la tensión, aquellos segundos en los que uno parece que está a punto de estallar.

Está comprobado que en los momentos de tensión, miedo, angustia o cualquier otra circunstancia emocional, si respiramos profundamente sentimos un alivio generalizado en todo el cuerpo, en nuestros nervios y en nuestras emociones. Respirar profundamente se convierte en un bálsamo para nuestra mente y nuestro cuerpo. Si las respiraciones están coordinadas el efecto es mayor.

Una de las técnicas que mejor resultado produce es la conocida como «veinte respiraciones conectadas». Se trata de una técnica traída a Occidente por Leonard Orr. Según Orr, la técnica de las veintes respiraciones conectadas es importante porque incrementa la propia energía y mejora las relaciones interpersonales. Para Orr, la respiración es el poder de la mente, un hecho reconocido en la India desde hace miles de años.

Las veinte respiraciones conectadas, realizadas en un momento dado, permiten aquietar la mente, armonizar el sistema nervioso y enfrentarse a los próximos acontecimientos de una forma tranquila y equilibrada. Su procedimiento es muy sencillo y no requiere más de treinta segundos. La técnica es la siguiente:

• Debe realizarse en un período de tiempo no superior a los treinta segundos.
• La respiración siempre debe realizarse por la nariz.
• Se empieza realizando cuatro respiraciones cortas y seguidas.
• Al final de cada serie de cuatro respiraciones cortas se realizará una respiración larga y profunda.

- Se realizarán cuatro respiraciones cortas y una larga. Se hará cuatro veces sin detenerse, durante treinta segundos.
- Las veinte respiraciones deben sucederse de manera que formen una sola serie de respiraciones conectadas.
- Las respiraciones cortas tienen como finalidad acentuar la conexión y fusión de la inspiración y la espiración en un círculo sin interrupciones.
- Las respiraciones largas tienen como finalidad llenar todo el espacio que queda libre en la inspiración, para luego vaciarlo por completo en la espiración.

Resumiendo estas cuatro series de cinco respiraciones:

- Cuatro respiraciones cortas.
- Al final de cada serie de cuatro respiraciones cortas, una respiración profunda.
- Cuatro respiraciones cortas y una larga, cuatro veces sin detenerse.

4

Vibración
y lugares
energéticos

*...Vemos que las luces extrañas sienten
predilección por ciertos lugares y
construcciones. Estas luces son como
signos o augurios que anuncian una
experiencia singular, un mundo
diferente, una nueva forma de vida.*

Patrick Harpun
(*Realidad daimónica*)

ANTIGUOS LUGARES FRECUENTADOS POR HADAS

Existen lugares donde las energías se sienten con más viveza, y otros donde las energías parecen no existir. En ocasiones apreciamos que las energías de un lugar están cargadas de negatividad, en otras ocasiones notamos que se respira un aire energético lleno de viveza y fuerza.

A quién no le ha ocurrido entrar en un lugar: un apartamento, una oficina, un edificio, un monumento antiguo y sentir un malestar repentino, una sensación de negatividad que nos impulsa a abandonar ese entorno. Y por el contrario, a veces hemos entrado en lugares o hemos estado en entornos naturales donde hemos sentido una paz interior, una «carga energética», un bienestar.

No cabe duda de que existen lugares donde la energía es positiva y lugares donde es negativa. Es la cuarta ley de Hermes Trimegisto que habla de la polaridad. En realidad me atrevería a decir que en todos los lugares la energía es positiva, pero son los seres humanos que han ocupado ese entorno o que siguen en él, los que cargan el entorno con energías negativas. Por otra parte, existen lugares donde las energías positivas se manifiestan más, sitios que, por lo general, como afirma Patrick Harpun, eran en la Antigüedad lugares donde aparecían hadas u otros seres celestiales o en los que se ven luces extrañas. Estas apariciones siguen persistiendo en estos lugares, pero ahora se han adaptado al pensamiento del mundo moderno. Ya no son hadas, ya no son elfos, son luces misteriosas o extrañas formas más acordes con la forma de pensar del siglo XXI que al pensamiento del medievo.

«Todo lo recibido se recibe de acuerdo con la forma del receptor.»

Axioma medieval

LEYENDAS DEL FUTURO

Entre las leyendas más repetidas en la literatura universal podemos encontrar la de las fuentes mágicas, las cascadas de la vida eterna y los lagos revivificadores. Son las historias de caballeros medievales que, recorriendo el bosque, tras una larga batalla o una agotadora caminata, encuentran un salto de agua fría en que se bañan y revitalizan todo su cuerpo, sanan sus heridas y se cargan de energías.

El agua, un elemento sin el que no podríamos vivir en este planeta y sin el que no existiríamos, siempre ha comportado una misteriosa carga de energía, un poder lleno de fuerza y vigor. Los saltos de agua producidos por la naturaleza siempre han sido rincones del bosque donde la presencia de la energía es más abundante, siempre que esa agua se pura y provenga del ciclo de la naturaleza. El agua en movimiento siempre ha sido energética, sus moléculas desprenden una energía creadora y portadora de vida. Las corrientes subterráneas han creado lugares llenos de fuerza en su entorno e incluso en la superficie que se asentaba sobre su paso. Por esta razón, hay numerosas leyendas de fuentes mágicas donde, antaño, se aparecían hadas o seres celestiales, y donde hoy vemos extrañas luces y percibimos extrañas presencias que nos observan.

«En la isla del mundo todos somos náufragos, y lo que unos ven claramente puede ser oscuro para otros.»

Loren Eisley

Si estamos atentos sabremos captar los campos energéticos de un bosque, un salto de agua, un templo antiguo, un dolmen, una montaña o una determinada persona. Todos son elementos que están en vibración.

En los bosques todo tiene vida y, por tanto, energías con las que podemos contactar. Se cuenta la historia de un antropólogo que se desplazaba por el interior de una profunda floresta cuando, en un claro de ésta, encontró a un indígena de alguna tribu cercana que corría de un extremo al otro del bosque, hablaba, agitaba las plantas y se acariciaba con ellas riendo y saltando. El antropólogo le pregunto al nativo qué hacia allí hablando sólo. El indígena lo miró con estupefacción y le contesto señalando todos los árboles, arbusto y plantas que le rodeaban. «¿Qué le hace suponer que estoy sólo?», le contestó.

Hoy sabemos que el ambiente energético que rodea la experiencia humana varía mucho en los distintos lugares del mundo, y que en todo ritual, antiguo o moderno, existe una presencia energética evocada que se vincula con otros planos de la consciencia y con otras colectividades.

«El que contempla el océano desde la playa sólo conocerá su superficie, pero el que quiera conocer sus profundidades, debe estar dispuesto a sumergirse en él.»

Meher Baba

Cuando descubrimos esos entornos cargados de energía tenemos que considerarlos como lugares sagrados y practicar un acercamiento a ellos como si fuera a Otro Mundo, con una forma de ver y pensar distinta. Las primeras visitas pueden ser poco enriquecedoras, pero una vez nos hayamos integrado en el lugar las visitas se convertirán en exploradoras, hasta que un día nos integraremos en ese mundo e intercambiaremos energías, todo depende de nuestra actitud.

UN VIAJE AL PAÍS DE LAS ENERGÍAS

Los entornos energéticos son lugares donde la mente se activa y reconoce las energías allí existentes. Son lugares que se convierten en sagrados, rincones donde la gente tiene visiones y oye voces, donde se desencadenan sueños pre-

monitorios y todos los visitantes se sienten atraídos por el entorno. Lugares especiales donde se viven experiencias transformadoras.

Si se ha trabajado con las energías y la mente está abierta, estos emplazamientos se intuyen inmediatamente porque se sienten las energías que emanan, hay una vibración especial. Los antiguos chamanes los reconocían porque eran sensibles a las vibraciones de la tierra, al flujo energético que se movía. Son lugares donde los rituales, las iniciaciones, la meditación y los aspectos del desarrollo interior funcionan mejor que en otros sitios. No es nada mágico, son ubicaciones con memoria magnética o fuerzas energéticas poderosas, aspectos cuánticos que podemos aprovechar y que pueden convertirse en puertas a otras realidades.

«Vi la eternidad la otra noche como un gran anillo de luz pura e infinita.»

Henry Vaugham (Poema místico)

La mente humana precisa de estos escenarios cargados de misteriosa energía. No se trata de lugares utópicos como los reinos de Tolkien, el país de Oz, los mundos subterráneos de Agartha y Schamballa o el país en el que Alicia llega a través del espejo. Son lugares reales, zonas cargadas de energía, campos de fuerza, un campo que actúa sobre el observador y lo coloca en una situación privilegiada frente al Universo, y desde ese punto privilegiado tiene acceso a realidades que el espacio y el tiempo oculta en otros lugares.

Existen lugares religiosos en los que el peregrino capta ciertas energías, otros en los que dependerá más de la actitud que del lugar mismo, del cual, pese a su santidad, puede haber dejado de emanar cualquier tipo de energía debido a las barbaridades que se han cometido allí o los terrores que ha sufrido.

En algunos de estos lugares es preciso que la descarga energética coincida con un determinado momento. Puede ser que sea necesario que los rayos del sol del amanecer del solsticio invernal penetren por la abertura del templo de Amon-Ra en Karnac. O que, en un instante determinado del lustro, ciertas confluencias se precipiten en el centro del laberinto blanco y azul de Chartres, junto a la imagen de Dios y el hilo de Ariadna.

Sabemos que lugares como las pirámides de Egipto concentran en su construcción una gran energía debido a su misma estructura energética, que soporta determinados pesos, tensiones y presiones. Dichas energías se concentran con más fuerza en un punto central de la pirámide; en el caso de la pirámide de Keops, este lugar coincide con la cámara real. Muchos egiptólogos creen que las pirámides no son sólo grandes monumentos funerarios, sino también lugares de iniciación en los que los sacerdotes egipcios aprovechaban las fuertes energías que confluían en su interior. Un ejemplo parecido lo hallamos en los arcos antiguos, donde la piedra denominada «clave»[5] es la que soporta todas las fuerzas.

«Es fácil decir: ¡es pueril! Es pueril creer que vendándose los ojos ante lo desconocido, se suprime lo desconocido.»

Víctor Hugo

Hay lugares que arrastran una determinada «herencia» energética, como es el caso de las catedrales góticas, que concentran energías milenarias por el hecho de haber sido construidas sobre antiguas catedrales románicas que, a su vez, fueron construidas sobre catedrales prerrománicas, que también fueron erigidas sobre templos paganos que, posiblemente, fueron asimismo construidos sobre un lugar donde hubo un dolmen o un menhir, los cuales fueron levantados allí porque era una zona de gran poder energético donde confluían energías tectónicas que los hombres antiguos sabían percibir.

CAVERNAS: LUGARES SAGRADOS CARGADOS DE ENERGÍAS

De las cavernas también emana un poder energético al que no fueron insensibles los hombres del Neolítico. Las pinturas rupestres se encuentran distribuidas por zonas, y hay lugares especialmente destacados por la temática de las

---

5. Piedra central que cierra un arco o una bóveda.

pinturas o signos que los configuran como sagrados, como protosantuarios en los que las ceremonias desarrolladas resultan aún un misterio. En toda cueva hay áreas que eran especialmente sagradas en las que pudieron desarrollarse ritos iniciáticos, prueba de ello es la plasmación de tales ritos en las pinturas.

Las pinturas de las cuevas no fueron ejecutadas para embellecer las paredes y los ojos de los espectadores. Generalmente estas pinturas no se encuentran en la entrada de las cavernas donde los cazadores solían vivir, sino en los lugares más inaccesibles, en salas, corredores o nichos. Como es el caso de la gruta de Cabrerets, en Francia, que es un verdadero laberinto por el que es preciso gatear o encaramarse durante horas para llegar a ver sus pinturas.

«En el exterior te cegarán las tinieblas. Dentro hallarás la luz que no produce sombras.»

Luís M. Osorio Goicoechea (*La argolla*)

Los lugares inaccesibles de las cavernas se convertían en lugares en los que reinaba una atmósfera de terror sagrado y donde penetrar era un riesgo. Así, vemos que este hecho se repite en todos los lugares donde encontramos obras de arte, y que éstas se encuentran ocultas en la profundidad más absoluta. Para entrar había que proveerse de antorchas o lámpara de sebo. Todo hace pensar que los pintores se sentían atraídos hacia ciertos lugares y paredes subterráneas o alejadas por creerlas dotadas de mayor eficacia mágica o estar ubicadas en lugares de mayor carga energética. Así, las cavernas podían haber sido lugares reservados exclusivamente a los iniciados. Posiblemente, se trataba de lugares de uso privilegiado para grupos determinados, una suerte de sociedades secretas o iniciáticas, o bien de cofradías de chamanes.

Lo más natural es pensar que estos lugares en el interior de las cuevas sirvieran para la práctica de algún rito, iniciación o acto de carácter chamánico. Incluso cabe pensar que los hombres y mujeres de aquellos tiempos se reunieran en el interior de la cueva, frente a determinadas pinturas, para realizar algún tipo de canto. Así lo cree Richard Leakey cuando en *El origen de la humanidad* destaca: «Se necesita poca imaginación para pensar en gentes del Pa-

leolítico Superior canturreando ensalmos frente a las pinturas rupestres. La in-
usual naturaleza de las imágenes y el hecho de que con frecuencia estén en
las partes más inaccesibles de las cuevas invitan a la sugerencia del ritual.
Cuando te sitúas hoy en día frente a una obra de la Edad del Hielo, como hice
yo con el bisonte de Le Tuc d'Audoubert, las antiguas voces invaden tu
mente, acompañadas quizás por tambores, flautas y silbatos». Podemos imaginar la importancia que tenía el efecto del eco en el interior de una cueva, un
efecto que se debía de interpretar como mágico. El efecto del eco era un es-
tallido que se multiplicaba hasta el infinito. Las paredes parecían responder a
la voz. Todo lleva a imaginar a los chamanes utilizando el sonido de su voz
como una comunicación con el mundo de los espíritus subterráneos o con el
fin de sentir la potencia de la energía que se acumula bajo miles de toneladas
de piedra.

Personalmente, he tenido interesantes experiencias oníricas y no tan oníricas en cuevas donde he pernoctado, y he sentido la fuerza de la energía que
se acumula en estos lugares.

EL PORTAL DE OTRO UNIVERSO

En ocasiones, las energías se sienten palpando la corteza de un roble milena-
rio, o en la dura piedra de un dolmen o un menhir, monumentos ubicados
en lugares estratégicos donde confluyen energías telúricas y vibraciones casi
imperceptibles para el profano.

Jean-Paul Bourre[6] explica una experiencia inimaginable en un menhir de
Irlanda que le demostró el poder energético de una de estas construcciones
megalíticas. Bourre describe los hechos de la siguiente forma: «Me instalé en
posición meditativa en el extremo del pasillo, en el espacio vacío, circular, de
cara a las tres cámaras funerarias [...] cerré los ojos y creé el vacío en mí, según
los viejos métodos yoghis y chamánicos [...] tras unos instantes, sentí la fuerza
de la llamada magnética de las tres cámaras. Actuaban sobre mí como fuelles

6. Bourre, Jean-Paul; *La quête du Graal*, ed. Dervy, 1990.

gigantes. Era captado, aspirado. Cada una de las cámaras trataba de arrancar una parte de mí. Pensé que me dislocaba. Las tres cámaras me atraían al mismo tiempo, me estiraban, tratando de apoderarse de una parte de mí a través de un fenómeno fuerte y dislocador. La sensación se transformó progresivamente en algo como un movimiento, al principio imperceptible, pero que se aceleraba. El lugar circular donde me encontraba se puso a girar. El movimiento de las cámaras llenaba todo el círculo, y yo giraba a la vez en éste, cada vez más deprisa, hasta el vértigo, hasta un estado de náuseas. Tenía ganas de vomitar. Traté de escapar del sortilegio. Abrí violentamente los ojos. La oscuridad danzaba aún a la misma velocidad de locura. Controlé los latidos de mi corazón a través del pulso. Eran muy fuertes. Era necesario salir, abandonar la cámara funeraria, para no caer muerto en este lugar de pura magia».

La experiencia de Bourre no tiene una explicación mágica. Bourre estuvo sometido a un poderoso campo de energía al que no estaba preparado para controlar. Posiblemente un vórtice energético que podía haberle abierto las puertas a otro Universo. Sólo había sido cuestión de dominar el miedo y las sensaciones corporales.

En los próximos capítulos veremos cómo la mente del hombre es capaz de aprovechar los campos energéticos para actuar sobre su vida cotidiana, para sanar su cuerpo y armonizarlo. Para alcanzar esta habilidad es cuestión de ser conscientes de nosotros mismos y autodirigir nuestro cuerpo a través de nuestra mente.

 ## Un ejercicio práctico tibetano para captar energías

El «tumo» es una práctica tibetana destinada a aprovechar las energías y el calor interno del cuerpo.

La práctica del «tumo» fue conocida gracias a la escritora y viajera Alexandra David-Neal, que narró cómo los discípulos de los lamas tibetanos se enrollaban, alrededor del cuerpo, sábanas mojadas en estanques de aguas congeladas. Luego se ponían a meditar sentados en el suelo a las orillas de los helados ríos o realizando un agujero en el suelo nevado. El resultado de su ejercicio era que sus sábanas terminaban secas y la nieve o el hielo de su entorno derretido.

El ejercicio del «tumo» es un fuego sutil que hace subir hasta la cabeza la energía latente de los «tasas», nombre con el que se conocen los nervios, venas y arterias.

Se trata de un ejercicio aconsejable cuando tenemos frío, cuando estamos al aire libre en el campo o en la nieve. Podemos practicarlo sentados sobre la nieve o en la orilla de un río helado. Su práctica es la siguiente:

- Se inicia el ejercicio en la postura clásica de meditación, la de loto, colocando las manos sobre los muslos con los dedos pulgar, índice y meñique extendidos; los dedos corazón y anular doblados bajo la palma de la mano.
- Se empieza por respirar suavemente a través de la nariz.
- La respiración tiene una doble función. Cada vez que expulsamos el aire estamos expulsando odios, codicias, orgullos, rencores, todo lo que nos carga de negatividad. Cada vez que tomamos aire, espiramos, tomamos sabiduría, bondad, fuerza y pensamientos positivos.
- Tenemos que empezar a tener la sensación de que cada bocanada de aire penetra en el vientre para reanimar un fuego interior que se encuentra a la altura del ombligo.
- Ese fuego interior se despierta y va tomando forma de una gran hoguera que calienta nuestro estómago.
- A medida que reavivamos este fuego interior sus llamas suben por los nervios, arterias y venas de nuestro cuerpo, se expanden en todas direcciones.
- La respiración nos permite sentir cómo las llamas ascienden y también se extienden por nuestros glúteos, piernas, brazos y pies.
- Notamos cómo los canales que trasmiten este fuego: los nervios, las venas y las arterias se hacen cada vez más grandes, como tubos que aumentan de tamaño.
- Seguimos respirando hasta sentir que nuestro cuerpo es una especie de tubo que contiene fuego y energía que sale del estómago y se expande.

- Llega un momento en que el cuerpo es como un globo donde las llamas se azotan por el vientre debido a la fuerza de la respiración; somos un océano de fuego.
- El sol está un poco más abajo del ombligo, y también en la palma de cada mano, en la planta de cada pie, dando un calor inmenso y deslumbrante.
- Veremos cómo la respiración aumenta la temperatura y hace que el mundo arda a nuestro alrededor. Es como si una inmensa hoguera estuviera en nosotros mismos.
- Cuando el frío ha desaparecido realizamos el camino inverso, desaceleramos la respiración y vamos sintiendo cómo nuestro cuerpo deja de ser esa inmensa hoguera, pero seguimos conservando un grado de calor que nos permite combatir el frío.

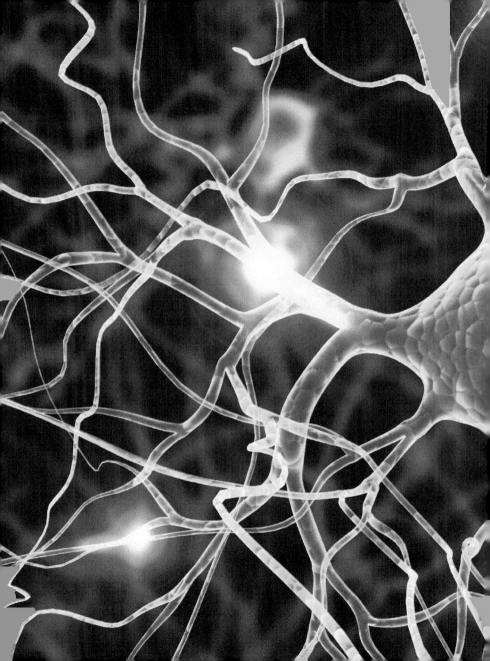

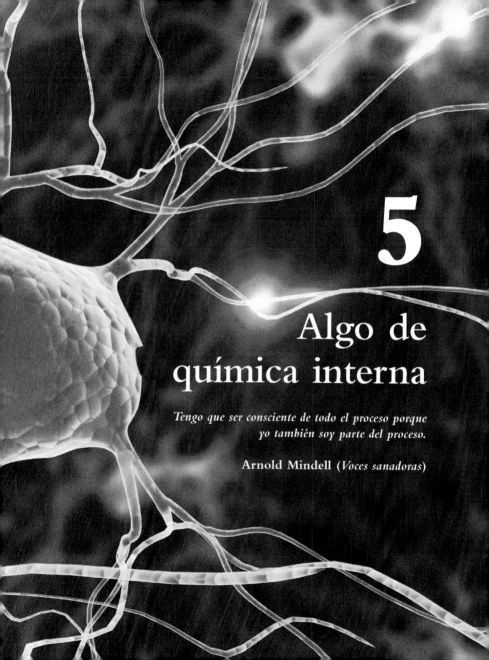

5

Algo de química interna

Tengo que ser consciente de todo el proceso porque
yo también soy parte del proceso.

Arnold Mindell (*Voces sanadoras*)

LAS LEYES QUÍMICAS Y LAS LEYES DE HERMES

Hoy sabemos que los pensamientos negativos provocan reacciones químicas dolorosas para el cuerpo. Cualquier pensamiento que tengamos afecta al cuerpo, a través de las reacciones bioquímicas cerebrales que emiten señales químicas a nuestro organismo. Un pensamiento es capaz de alterar nuestro cuerpo, hacer que se segreguen hormonas, se liberen neurotransmisores químicos, se altere el sistema inmunológico y varíen los latidos del corazón. El mero hecho de pensar altera la composición química de nuestro cuerpo. Así, de la misma manera que la dopamina, que es un neurotransmisor, provoca cierta excitación, también pueden desarrollarse en nuestro cuerpo neuropéptidos causados por el odio y el enfado. Vemos, pues, cómo ciertas leyes de Hermes Trismegisto son aplicables al pensamiento y la química interior. Vemos cómo todo es mental (primera ley) y cómo toda causa tiene su efecto (sexta ley).

Existe toda una química interior que es capaz de producirnos cambios, y por tanto debemos enseñar al cuerpo que conocemos nuestra mente, que podemos darle instrucciones para que desarrolle determinadas sustancias que nos pueden beneficiar.

En un próximo capítulo entraremos en el tema de la enfermedad y la curación, pero ahora vamos a realizar un breve repaso por las sustancias[7] endóge-

---

7. Aunque algunos especialistas denominan estas moléculas químicas «drogas endógenas», personalmente prefiero utilizar el término «sustancias» ya que el término «droga» tiene otras connotaciones.

nas que es capaz de segregar nuestro cerebro. Estas sustancias endógenas ofrecen una nueva respuesta al antiquísimo enigma espíritu-materia y alma-cuerpo. Las sustancias endógenas que desarrolla nuestro cerebro también son elaboradas por la farmacopea actual y suministradas a aquellas personas que no saben potenciarlas por ellas mismas. Si sabemos potenciar estas sustancias endógenas que están en nuestro interior estimularemos ciertas características y capacidades nuestras, sin necesidad de ingerir compuestos externos. Por tanto, uno de los primeros pasos es dominar nuestra química interior, que no deja de ser un tipo de energía..., y la mejor herramienta que tenemos en la mente.

«Cada cual es artífice de su propio destino.»

Cayo Salustio Crispo

Cualquier comportamiento, por insignificante que sea, tiene como consecuencia la potenciación de una sustancia química endógena en nuestro interior. Valga este anecdótico ejemplo: entramos en un establecimiento y nos cruzamos con una persona que nos llama la atención por su atractivo, nos miramos y se nos escapa una sonrisa tonta hacia esa/ese desconocido/a. En realidad, la culpa de este comportamiento la ha tenido una sustancia endógena denominada feniletilamina, una descarga química que produce cierto romanticismo y enamoramiento. Indudablemente para que esta descarga se produzca ha intervenido la vista, que ha enviado una imagen al cerebro, y éste, descontrolado por nosotros, ha activado esta sustancia química. Afortunada o lamentablemente, estos amores a primera vista son efímeros, ya que el cuerpo, actuando nuevamente sin control consciente de nosotros, desarrolla, como con cualquier anfetamina, una tolerancia y cada vez hace falta que fabriquemos más feniletilamina para el mantenimiento de nuestro enamoramiento. Llega un momento en el que nuestro cuerpo ya no puede producir más, y la pasión enloquecida termina. Sin embargo, podemos cruzarnos con otra persona que nos atrae físicamente, y nuevamente se produce otra descarga de feniletilamida.

De la misma manera actúa la oxitocina, una neurohormona que está en el cerebro y es conocida popularmente como la molécula de la felicidad, ya que genera bienestar, calma, confianza y sociabilidad.

La oxitocina se segrega durante el orgasmo, por un abrazo entre dos personas que se aman, durante el parto o en el momento que la madre amamanta al bebe.

«Pasión, te conozco y te odio, vete.»

Charles Baudelaire

CONOCER NUESTRA QUÍMICA CEREBRAL

Sin cansar al lector con tecnicismos, vamos a realizar un breve recorrido por las principales sustancias endógenas que produce nuestro cerebro, con el fin de conocerlas, saber cuándo están actuando sobre nosotros y, lo más importante, cómo potenciarlas. A través de la observación de nosotros mismos podemos saber cuándo una determinada sustancia endógena de nuestro cuerpo está actuando; también a través de determinados comportamientos podemos activar las sustancias endógenas que necesitamos en momentos especiales de la vida.

Un antidepresivo que podemos activar con la mente

Empezaremos por las endorfinas, moléculas endógenas de morfina que calman el dolor, dan nuevos ánimos, tranquilizan, producen estados de ánimo agradables, incluso éxtasis. También aumentan el sentido de la vista y el olfato, las percepciones, y reducen la presión sanguínea. En definitiva son las que intervienen con el fin de contrarrestar nuestras depresiones. Podemos saber

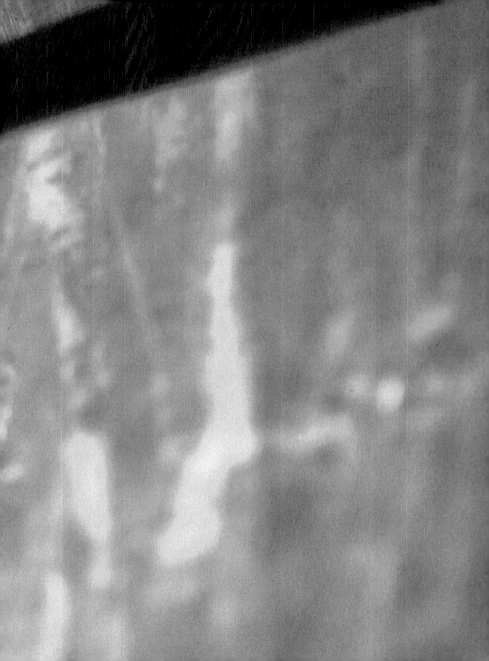

cuándo las endorfinas están actuando sobre nosotros ya que se produce una contracción de las pupilas, tenemos más sudoración de lo normal debido a un aumento de la temperatura corporal.

Como todas las sustancias endógenas, nosotros tenemos la capacidad de potenciarlas a través de diversas actividades como una velada pasada de forma agradable, ejercicios respiratorios, yoga, meditación, danza e imaginación activa.

Estimular la fantasía para activar la acetilona

Otra sustancia endógena importante es la acetilona, causante del transporte de nuestros pensamientos. Sin la acetilona tendríamos comportamientos ilógicos y fallos de memoria. La acetilona aumenta la percepción de nuestras sensaciones externas, elabora la información y la capacidad comprensiva. También vigila el ritmo del sueño y la vigilia.

Cuando actúa la acetilona existe una contracción de las pupilas, aumenta las lágrimas y líquido biliar, también estimula la saliva y, el pulso y la presión sanguínea disminuyen. La acetilona es la responsable de cierta excitación en el pene y en el clítoris.

Podemos activar esta sustancia endógena a través de ejercicios de memoria, meditación, imaginación creativa y estimulación de la fantasía.

Los responsables de la supervivencia

La adrenalina y la noradrenalina son sustancias mensajeras del cerebro, nos permiten reaccionar ante situaciones amenazadoras y reacciones rápidas del cerebro y los órganos musculares. Producen un aumento de los reflejos.

Cuando están actuando, aumenta la presión sanguínea, se dilatan los bronquios, se suprimen las actividades digestivas y se reduce la orina. En realidad si la segregación de la adrenalina se produce en mucha cantidad puede activar nuestro estado nervioso y desencadenar pánico o miedo. Y la noradrenalina produce en el cerebro mayor consciencia, pensamientos más rápidos, estado de ánimo positivo.

Se trata de dos sustancias endógenas difíciles de activar, ya que están destinadas a activarse ante situaciones de peligro y tienen como función salvar nuestro cuerpo de peligros. Es evidente que el miedo debemos controlarlo, negarlo, enfrentarnos a él convenciendo a nuestro cerebro de que no lo tenemos, ya que en ocasiones se convierte en un elemento paralizante que impide actuar y razonar.

Endovalium para combatir la depresión

El endovalium, o valium endógeno, fue descubierto en el cerebro en 1977. Se trata de una sustancia de efectos tranquilizadores que fomenta la somnolencia, suprime los miedos y aumenta los estados de ánimo.

Si queremos producir endovalium en nuestro cerebro tan sólo tenemos que realizar ejercicios de relajación, meditación, yoga y respiraciones controladas. La imaginación activa también puede activarlo, así como un buen masaje o la hidroterapia.

Es una sustancia que deberíamos potenciar cuando sufrimos estados depresivos o cuando estamos atemorizados por algún factor externo.

La dopamina, el mejor sistema inmunológico

La dopamina también es una sustancia mensajera de nuestro cerebro que produce gran número de efectos en nosotros. Así, eleva los estímulos mentales, aumenta la espontaneidad emocional, fomenta la concentración y la atención, es un antidepresivo, aumenta nuestro sistema inmunológico, domina los instintos y armoniza todo el cuerpo.

Podemos movilizar la dopamina endógena a través de la danza, la meditación, los ejercicios mentales e intelectuales, dejando volar nuestra imaginación y nuestros sentimientos, con autosugestión, yoga, cambios en la rutina de nuestra vida y viajes.

Como veremos en el próximo capítulo, los estados depresivos y angustiosos reducen nuestra inmunología, hasta al punto que nos dejan indefensos ante cualquier tipo de virus o bacteria. Es muy normal de las personas que atraviesan estados depresivos contraer infecciones y enfermedades, ya que la dopamina no está actuando.

Podríamos citar muchas más sustancia, pero sólo se trata de dar una idea al lector, con el fin de que sepa que todas estas sustancias las genera el cerebro, pero somos nosotros los que ordenamos y mandamos en nuestro cerebro.

 ## Un ejercicio práctico para ayudar a la medicación

Ingerimos los medicamentos rutinariamente esperando que éstos surtan su efecto panacea como un milagro y nos calme el dolor o la molestia que nos afectan.

Los antiguos textos ayurvédicos, parte de las *Upanishad*, ya aconsejaban cierta ritualización en la ingestión de los medicamentos. Bajo un prisma más moderno, esto sería como acompañar la medicación con instrucciones de nuestro cerebro. De la misma manera que la mente es capaz de curar una enfermedad suministrando al cuerpo mayor o menor cantidad de drogas endógenas, una actitud frente a la toma de un medicamento puede potenciar su efecto o predisponer el cuerpo a su recepción.

Si frente al medicamento que ingerimos nuestra actitud es negativa, es decir, que creemos que dudamos de la efectividad de la medicación, con toda seguridad el medicamento tendrá menos efectividad que si nuestra actitud es positiva y estamos convencidos que su ingestión nos va aliviar.

Así pues, tomar una medicación con cierta actitud positiva tiene, con toda seguridad, más efectividad que tomarla con una actitud negativa.

Proponemos este ejercicio mental y práctico para ayudar a que un determinado medicamento (infusión, comprimidos, jarabe, etc.) tenga su efectividad.

• Con el medicamento en nuestra mano, empezamos por ser conscientes de su presencia. Si son unos comprimidos, los sentiremos en la palma de la mano, notaremos su peso y su textura. Si es una infusión seremos conscientes de su color, de su olor; igual haremos con una jarabe.

- Miraremos el medicamento con optimismo, pensando que es algo que nos va a curar.
- Seremos conscientes de que es un medio de sanación del que creeremos en su potencialidad de curación. Se trata de tener una actitud positiva y a la vez amorosa ante lo que vamos a tomar.
- Sentiremos cómo nuestro cuerpo está dispuesto a aceptar ese medicamento y, a la vez, se abre a la sanación que nos producirá.
- Damos instrucciones a nuestra mente de que este medicamento va a sanar las molestias que tenemos.
- Antes de ingerirlo le daremos gracias por la sanación que nos va a producir, dentro de un acto más de sugestión. Seguidamente los ingeriremos.
- Sentiremos el medicamento sobre la lengua y descendiendo por nuestra garganta. Tenemos que ser conscientes de que lo tragamos, y para ello actuaremos con tranquilidad.
- Seguiremos mentalmente su recorrido por nuestro cuerpo hasta que alcance el estómago. Sentiremos su movimiento por el esófago. Hay que sentir cómo lo recibe el cuerpo y cómo, poco a poco, se va disolviendo.
- Sentiremos cómo, desde el estómago, se dirige a aquel lugar de nuestro cuerpo que nos duele. Es una energía luminosa que se desplaza hacia el lugar afectado.
- También sentiremos cómo la zona afectada absorbe la nueva sanación que llega en su ayuda.
- Debemos considerar al medicamento como algo con vida. Una energía curativa. Un conjunto químico inteligente que tiene el objetivo de sanar.
- No estamos luchando contra el dolor o el malestar, estamos armonizando y equilibrando una parte de nuestro cuerpo que está desequilibrada.
- Sentiremos cómo cada molécula del medicamento se disuelve en el lugar, y empieza a disipar las molestias, el dolor y la enfermedad.

6

Las energías positivas y negativas de la salud y la enfermedad

*El hombre puede ordenar a la naturaleza la eliminación
de su ser de todos los elementos extraños
que le provocan enfermedad y sufrimiento.*

J. W. Goethe

ESTAR EN SINTONÍA CON EL CUERPO

¿Por qué hay personas que contraen enfermedad tras enfermedad, y otras que nunca enferman? ¿Cómo podemos explicar lo que en medicina se conoce como «curación espontánea o remisión instantánea»?

El nuevo paradigma cuántico nos lleva a una nueva medicina, a un nuevo concepto de la curación o autocuración. Sabemos que estamos formados por partículas capaces de comunicarse las unas con las otras, sabemos que somos materia y ondas a la vez, que pertenecemos a un flujo de energía que no está aislado. Nuestras partículas, las que componen nuestro cuerpo, se comunican entre sí. Nuestro cerebro es el centro neurálgico de esa comunicación. Si sabemos utilizar correctamente nuestro cerebro podemos enviar instrucciones a todas las partes de nuestro cuerpo, instrucciones más allá de las meramente motoras y locomotoras.

Parte de los funcionamientos de nuestro cuerpo se producen de una manera automática. Respiramos sin apenas darnos cuenta de que el cerebro está dando instrucciones para que este proceso se realice, ya que lo hace automáticamente.

Parece que no necesitamos darle instrucciones al cerebro para respirar. Sin embargo no es así. Si precisamos tomar más aire damos instrucciones de más ventilación, de la misma manera que retenemos la respiración frente a gases nauseabundos o malignos. La realidad es que una parte de nuestro cerebro tiene ya grabada la instrucción de oxigenar el cuerpo y oxigenarse a sí mismo.

Sólo las instrucciones contrarias parecen partir de determinaciones que damos nosotros.

> «La mente es un estado de comunicación subatómica perfecto, y la enfermedad es un estado en el que la comunicación se rompe. Enfermamos cuando nuestras ondas no están en sintonía.»
>
> Lynne McTaggart (*El campo*)

De la misma manera, y de una forma cuántica, podemos dar instrucciones a través de nuestro cerebro para que actúe sobre determinadas partes de nuestro cuerpo. Podemos ordenar que segregue más endorfinas hacia una parte determinada del cuerpo para que calme un dolor producido por un golpe u otra circunstancia. Podemos ordenar al cerebro que no preste atención a un dolor, que prescinda de él. Podemos buscar, a través de la mente, una sintonía de las ondas de nuestro cuerpo para armonizarlo. Tal como dice Lynne McTaggart, cuando la comunicación entre cerebro y cuerpo se rompe, es decir cuando no hay sintonía, surge la enfermedad.

Pensemos en Peter O'Toole, en *Lawrence de Arabia*, quemándose el dedo con una cerilla ante sus atónitos compañeros del ejército. Cuando el sargento intenta imitarlo, aúlla de dolor y exclama: «¡Ay! ¡Duele! ¿Cuál es el truco?». Lawrence contesta: «El truco está en no prestar atención al dolor».

La enfermedad surge cuando no escuchamos a nuestro cuerpo, cuando creemos que es algo distinto a nosotros, cuando lo tratamos como una máquina, cuando lo alimentamos indebidamente y lo sometemos a elementos perniciosos.

Todos podemos enfermar. Todos tenemos células cancerígenas en nuestro cuerpo pero sólo uno de cada tres morirá por el desarrollo de la enfermedad. Y, en parte, dependerá de nosotros. El lector alegará que en muchos casos enfermamos por contagios irremediables. De acuerdo, podemos enfermar porque somos la causa de la enfermedad. También podemos enfermar por un contagio, una infección de un virus, pero, nuevamente, si nuestra actitud es positiva aumentarán los linfocitos T e impedirán que ese contagio se produzca (como veremos más adelante), y en el caso de que se produzca lo combatirán activamente e impedirán su desarrollo. Una mala vida con una inadecuada alimentación y abusos en la comida, el alcohol o las drogas también tienen como consecuencia la enfermedad. Pero sepamos que, en ambos casos, tanto en la enfermedad creada como la contagiada, siempre somos nosotros los que tomamos, consciente o inconsciente, la decisión de curarse o enfermar.

«La enfermedad es el lado nocturno de la vida, una ciudadanía más cara. Al nacer, a todos nos otorgan una doble ciudadanía, la del reino de los sanos y la del reino de los enfermos. Y aunque preferimos usar el pasaporte bueno, tarde o temprano cada uno de nosotros se ve obligado a identificarse, al menos por un tiempo, como ciudadanos del otro lugar.»

Susan Sontag (*La enfermedad y sus metáforas*)

UNA COMUNICACIÓN CUÁNTICA

El cuerpo nos envía cada día cientos de mensajes de comunicación subatómica sobre su estado. Lamentablemente, la rutina de nuestras vidas hace que no los escuchemos. La educación que nos ha sido impartida ha desvalorizado el acto de escuchar el cuerpo, lo ha convertido en algo carente de credibilidad. Parece como si la única solución cuando tenemos un malestar es acudir al médico quién encontrará, a través de la farmacopea, el remedio adecuado.

Los órganos de nuestro cuerpo están formados por partículas que tienen una comunicación cuántica con el cerebro en todo momento. Cuando algo no funciona bien en ese órgano, las partículas lo comunican al cerebro, el cual,

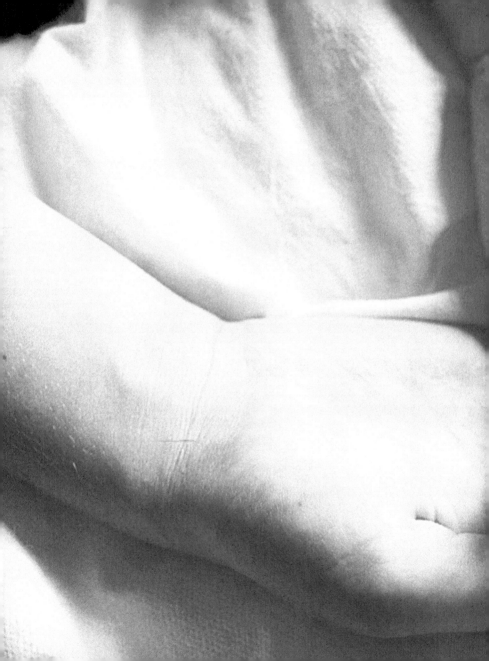

de una forma automática, trata de tomar las medidas necesarias para controlar la armonía y el equilibrio en el órgano afectado. Por ejemplo, si se trata de una infección por gérmenes externos, el cerebro procederá a activar el sistema inmunológico para combatir la infección.

> «Un momento de sanación es aquel en que la mente no se aferra a sus viejas películas [...] sino que está sintonizado con ese instante en que nos sentimos completamente vivos.»
>
> Steve Levine

En ocasiones, muchas de las enfermedades que nos afectan son producidas por nuestros propios pensamientos negativos. Y si los pensamientos son repetitivos se convierten en dañinos para nuestra salud. Sabemos que un pensamiento de odio repetitivo puede llegar a producir un exceso de bilis en el hígado y malestar en otros órganos. De la misma manera, el estrés puede ser la causa de las úlceras de estómago. Si entramos en un hospital o una clínica con el pensamiento negativo del miedo a contraer alguna infección, lo más probable es que nuestras defensas bajen, debido al estado anímico de miedo, y seamos más propensos a contraer alguna infección. Existe una ansiedad y un estrés que imposibilita luchar contra la enfermedad. Por todo ello, antes que nada tenemos que deshacernos del estrés y la ansiedad para poder atender con tranquilidad la enfermedad que padecemos.

> «Todo nuestro cuerpo son moléculas formadas por muchas subunidades menores enlazadas entre sí según las leyes de la física cuántica.»
>
> Antonio Fernández-Rañada
> (catedrático de la Universidad Complutense de Madrid, autor de *Los científicos y Dios*)

¿Por qué hay personas que ante un simple resfriado tardan semanas en recuperarse, tienen migrañas, complicaciones intestinales y muchas otras molestias, mientras que otras superan el resfriado en unos cuantos días sin ningún problema?

Es evidente que, ante la enfermedad, la actitud es esencial. El miedo se convierte en un mal aliado del positivismo, porque paraliza la mente y las defensas y negativiza la situación anunciando lo «peor». Y el pensamiento de lo «peor», si persiste repetidamente en nuestra mente inconsciente, termina por convertirse en una realidad. Ya hemos explicado que los pensamientos conscientes, si son repetitivos, se convierten en pensamientos inconscientes.

«La sanación no puede ser algo que buscamos sólo cuando estamos enfermos: la sanación debe ser una forma de vida.»

Steve Levine

Si pensamos negativamente atraemos lo negativo y, en muchas ocasiones, lo negativo se traduce en enfermedad. Está demostrado médicamente que cuando estamos deprimidos o angustiados nuestras defensas descienden, nuestro estado inmunológico es más frágil. Es muy frecuente que una persona que atraviesa una crisis sentimental en su vida sea más propensa a contraer enfermedades como un constipado, una alergia, etc. Por ejemplo, tenemos el caso de una persona que atraviesa una crisis emocional o sentimental por la pérdida de una persona querida o por romper con su pareja. Ese estado mental le lleva a un estado de deficiencia inmunológica, eso le produce que contraiga un resfriado, eso le produce que la falta de atención en sus actos le lleve a que se produzca un corte con un cuchillo y que, además, esa herida se infecte. El sujeto en cuestión dirá, encima me resfrío, me corto y se me infecta la herida. No se para a pensar que todas las reacciones corporales se producen a causa de nuestros pensamientos, y si estos son negativos, depresivos o angustioso, lo más normal es que nuestra química interior repercuta en esta situación.

«Debemos potenciar los mecanismos naturales que nuestro cuerpo posee para luchar contra la enfermedad y prevenirla.»

David Servan-Schreiber (psiquiatra y neurólogo)

Hoy se sabe que una persona con depresión o estrés tiene una disminución de células T, es decir, linfocitos encargados de protegernos contra infecciones y otras enfermedades. Se han realizado recuentos de células T a través de extracción sanguínea en personas con estrés y depresión, y se ha podido comprobar que su número era inferior a lo normal. Lo que nos demuestra que nuestros estados emocionales afectan a nuestra salud y la perjudican haciendo disminuir las células encargadas de nuestra inmunología.

Nuestros estados interiores: las emociones, la actitud psicológica, las intenciones y las imágenes que discurren por nuestra mente, desempeñan un papel crucial, tanto en las causas como en la cura de la enfermedad física. Los aspectos psicológicos son parte de la barrera inhibidora de la enfermedad.

Los traumas de la vida son las causas de muchas enfermedades. Los traumas son choques emocionales que marcan la personalidad de un sujeto dejando una impresión duradera en el subconsciente. Lamentablemente existen en nuestro cuerpo un reino del subconsciente separado de la percepción corriente que actúa y nos convierte en lo que somos. Un reino que debemos explorar con nuestra mente. En ocasiones no podemos evitar un trauma causado por un accidente, por una visión horrorosa de un hecho, por las guerras, la violencia, etc. Pero nunca debemos guardarlo en nuestro interior, hay que exteriorizarlo, explicarlo a quienes nos comprenda, sacarlo a la luz sin miedo ni vergüenza. De lo contrario el trauma termina convirtiéndose en un bloqueo interior de algún órgano, en una especie de quiste que se endurece y nos atormenta.

MEDICINA HOLÍSTICA

La medicina holística se basa en esa inteligencia instintiva que recorre el sistema nervioso de todo el cuerpo. La medicina holística considera al enfermo como un todo con él mismo y con el mundo que le rodea. Si, como dice la física cuántica, todo está relacionado y existe una comunicación constante, nosotros, como seres humanos, también formamos parte de esa comunicación con todo lo que nos rodea. Así, tendremos que admitir que son muchos los factores que inciden en la salud y en la enfermedad. La misma comunicación entre el médico y el paciente, las actitudes de los familiares ante el enfermo y los valores culturales afectan a la enfermedad.

Veamos brevemente la filosofía cuántica de la enfermedad.

- Tenemos que aceptar que existe entre nuestro cuerpo y nuestro cerebro una comunicación cuántica.
- No debemos aferrarnos a los viejos conceptos y a la dualidad cuerpo-mente como órganos separados.
- El cerebro no es un órgano que actúa independientemente, sino que se actúa a través de nuestros pensamientos, que pueden ser negativos o positivos, pero somos nosotros los inductores de esos pensamientos.
- El cerebro, como cualquier órgano del cuerpo, precisa una «alimentación específica», y esa alimentación se traduce en información, conocimientos, ejercicios de imaginación y trabajo mental.
- Ante el proceso de curación debemos amar nuestro cuerpo, no repudiarlo por estar enfermo. Nuestro cuerpo es como un santuario sagrado al que debemos de adorar.
- Debemos entender que sanar nuestro cuerpo no es solamente preocuparnos de él cuando esta enfermo, sino tenerlo en consideración cuando estamos sanos. Y esto sólo se consigue escuchándolo.
- Un simple malestar, una jaqueca o un golpe sin importancia deben ser situaciones ocasionales para practicar la sanación. De la misma manera que los momentos en los que nos encontramos bien deben aprovecharse para recordar a nuestro cuerpo que debe estar en equilibrio y armonía.
- El nuevo paradigma nos obliga a admitir que debemos prescindir de las viejas definiciones sobre lo que entendemos por sanación.
- De cualquier sanación, por insignificante que sea, extraeremos enseñanzas sobre la comunicación con nuestro cuerpo. El lado positivo de la en-

fermedad es que se aprende si sabemos escuchar y actuar con nuestra mente.

• Una de las características de la autosanación es que hay que superar la identificación con los miedos y las dudas.

LA VOZ DE NUESTRO CEREBRO

De la misma forma que cuidamos determinadas partes de nuestro cuerpo los pies, la piel, los músculos, los cabellos, el cerebro precisa una atención especial. No sólo debemos ejercitarlo continuamente, no sólo debemos trabajar en ser conscientes, sino que también debemos suministrar al órgano más importante de nuestro cuerpo los alimentos y medios necesarios para que se mantenga sano.

No preocuparnos por nuestra salud, nuestro cuerpo y nuestro aspecto repercute en el cerebro. Todo está íntimamente unido. Si uno se abandona también se abandona su cerebro. El cerebro tiene una gran plasticidad neuronal, mueren neuronas pero, las restantes se organizan para mantener las mismas funciones, y ahora también sabemos por los últimos descubrimientos neurológicos, que también surgen neuronas nuevas a cualquier edad.

«...cada estado de conciencia posee un correlato energético.»

Ken Wilber (*Espiritualidad integral*)

Antes de entrar en los consejos necesarios para cuidar nuestro cerebro, veamos la diferencia existente entre cerebro y mente. En el cerebro está el sistema límbico, un neocórtex, sistemas titulares, células, moléculas, átomos, sinapsis neuronales, serotonina y otras sustancias químicas. Dentro del cerebro, en la mente, está la subjetividad, la consciencia, las sensaciones, los impulsos, las ideas, las emociones y los pensamientos. También está la consciencia con sus diferentes niveles, y cada nivel de consciencia posee una versión diferente de entender la ciencia, el arte, la espiritualidad, la moral, las creencias y los valores sociales, así como una capacidad determinada para comunicarse con las energías.

Vamos a exponer una serie de consejos necesarios para el cuidado de nuestro cerebro, al margen de los comportamientos psicológicos, que ya abordaremos en otro capítulo más adelante. Se trata de enumerar, por un lado, lo que es positivo para nuestro cerebro y que, por tanto, lo carga de energías; y por otro, lo que es negativo y descarga de energías.

• *Alimentación*. Nuestro cerebro precisa una alimentación variada y equilibrada. Los lípidos y los oligoelementos constituyen más de la mitad del peso seco de nuestro cerebro. La mayor concentración de estas sustancias se encuentra en el sistema nervioso. Los lípidos juegan un papel primordial en la arquitectura de determinadas partes del cerebro. El cerebro es un consumidor de grasas esenciales, especialmente aquellas que se encuentran en los aceites esenciales. Un régimen pobre en ácido alfalinoleico, puede causar graves consecuencias en el desarrollo cerebral. El ácido alfalinoleico se encuentra en los aceites de soja, colza o nuez. También existen otros alimentos favorables para el cerebro, como el pescado azul, la vitamina B6 y B12, los aminoácidos, verduras, frutos secos, antioxidantes y los huevos (en dosis de unos tres a la semana). De la misma manera que hay alimentos idóneos para el cerebro también los hay desaconsejados, como el alcohol, ciertas drogas y el tabaco.

«De la misma forma que el cuerpo necesita alimentos para crecer, el cerebro necesita información para formarse.»

José Manuel Rodríguez Delgado (*Nosotros y la Ciencia*)

• *Ejercicios mentales*. Si queremos mantener nuestro cerebro en un estado óptimo es necesario una «gimnasia» cerebral. Se trata de ciertas habilidades que hagan trabajar a nuestras neuronas, ramificando y extendiendo las neuritas y creando nuevas conexiones. Cuantas más conexiones, mayor desarrollo del cerebro y capacidad de comprender, pensar y almacenar información. Para potenciar la memoria podemos realizar operaciones aritméticas mentales, recordar nombres o aprender nuevos idiomas. Pero el verdadero desarrollo

del cerebro y la inteligencia se produce cuando estudiamos, leemos temas que nos obligan a pensar y cavilar: lecturas no evasivas y con profundidad filosófica. Es la fórmula de *Menos Prozac y más Platón*. También determinados juegos obligan a trabajar nuestro cerebro, especialmente el ajedrez. Los crucigramas y otros pasatiempos de los diarios estimulan el cerebro. De la misma manera que lo estimula una conversación con cierto grado de intelectualidad. Es indudable que lo menos positivo para nuestro cerebro es realizar tareas rutinarias que se automatizan, debemos siempre experimentar y realizar nuevas actividades. Son muchos los centros de ancianos que han pasado de alentar a sus residentes en tareas mecánicas, como hacer punto o ver la televisión, y han buscado tareas más creativas como escribir, pintar o moldear, en definitiva: nuevas experiencias y creación.

• *El cerebro precisa oxigenación.* Las neuronas se destruyen por la falta de oxígeno, una buena oxigenación es la base de un cerebro sano. Lo espacios cerrados y cargados de humo o carentes de una buena oxigenación son catastróficos para el desarrollo neuronal del cerebro. El cerebro consume cerca de un tercio del suministro total de oxígeno del cuerpo. Respirar correctamente y conscientemente es una forma de activar el cerebro. El tabaco es uno de los peores enemigos del cerebro, sus efectos son más nocivos en las neuronas que en los pulmones y otros órganos. Cuando fumamos nos da la impresión que estamos despejándonos y activando el cerebro, pero es una falsa impresión, ya que lo que nos activa es que nuestro cuerpo está suministrando más oxígeno al cerebro para paliar los efectos destructivos de la anorexia producida por el tabaco. La oxigenación correcta del cerebro se produce inicialmente por una correcta respiración, paseos por el campo o la playa donde el aire está menos contaminado, prácticas de deportes, especialmente aquellos que se realizan en la montaña o en el mar. Relajación, meditación, yoga, práctica de zazen. Especialmente, la meditación tiene una doble función, no sólo ayuda a respirar mejor, sino que desarrolla las ramificaciones de las neuritas del cerebro.

«...todos los estamentos de la vida, desde lo mineral hasta lo vegetal, están conectados, y esa conexión va más allá de lo material.»

David Servan-Schreiber (psiquiatra y neurólogo)

• *Descanso.* Dormir es un aspecto muy importante para el cerebro. Un sueño equilibrado se convierte en algo vital. Pero recordemos que tanto es nocivo dormir poco como dormir en exceso. Lo importante es que exista una regularidad, un equilibrio, y que nuestros sueños no sean alterados por factores externos y emocionales. Los sueños se convierten en algo necesario para la vida humana. No debemos subestimar los sueños, ya que desempeñan un papel muy importante en nuestras vidas. Hoy sabemos que los sueños son algo más que un proceso confuso del cerebro. Eduardo Punset destaca que el proceso de soñar, permite romper las barreras del espacio y el tiempo, y que se trata de un proceso mucho más complejo que el de pensar. El sueño nos puede transformar y nos ofrece sabiduría, se trata de un estado modificado de consciencia que nos pone en contacto con otras realidades. El sueño es un proceso cuántico en el que se trasciende el tiempo y el espacio y se sintoniza con todo el Universo y, tal vez, con otros Universos. Se trata, por así calificarlo, de un instante sagrado, mágico y desbordante.

LOS ENEMIGOS DEL CEREBRO

Existen factores sumamente negativos para nuestro cerebro, como la hipertensión arterial y el exceso de colesterol. Dos enfermedades que tenemos que dominar con nuestro cerebro y evitando todos aquellos factores que las producen. Tanto la hipertensión como el colesterol perjudican el estado de los vasos sanguíneos y aumentan el riesgo de embolias cerebrales.

«El hombre es un bizarro monstruo dotado de un tumor cervical en lo alto de la columna dorsal.»

Stephan Zamenhoff

El estrés, los disgustos, las emociones descontroladas, la angustia y el miedo son factores negativos para nuestro cerebro. Veremos en el próximo capítulo cómo podemos controlar algunas de estas circunstancias a través de la mente. La vida moderna ha creado un elemento terriblemente perjudicial para el cerebro: el estrés. Eliminar el estrés es eliminar ambiciones y ansiedades innecesarias. Los disgustos alteran nuestro cerebro, lo convulsionan y lo apartan del equilibrio normal que precisa. Rompen la armonía de su proceso de evolución y lo hacen distraerse de otras actividades esenciales. Un disgusto puede alterar el corazón, el estómago, los intestinos y otros órganos del cuerpo que están controlados por el cerebro que, a su vez, se ha visto afectado por el acontecimiento negativo. Nunca debemos dejar que la angustia o el miedo nos sometan, son estados que surgen y pretenden paralizarnos y esclavizarnos, pero debemos ser nosotros quienes los controlemos y dominemos.

«Tanto difieren el color y los rasgos de los hombres como las enfermedades particulares.»

Luis Vives

También cabe destacar que existe un gran número de medicamentos que no son buenos para el cerebro, especialmente los antiinflamatorios, tranquilizantes y antidepresivos. Existen otros métodos no tan agresivos para sanarse, como la utilización de nuestra propia mente y voluntad para conseguirlo. Lo importante de un estado determinado de nuestro ser es averiguar que ha desatado nuestra angustia o nuestro miedo, saber la causa y abordarla mentalmente. Si estamos nerviosos o excitados, es porque habrá una causa, y es ahí donde debemos llegar a través de la mente.

También es contraproducente para nuestro cerebro el abuso de laxantes y diuréticos. Pueden deshidratarnos y producir crisis de excitación o abatimiento. La ingestión de alimentos sanos y agua eliminan la necesidad de utilizar medios artificiales. Nuestra mente puede incidir en la curación de cientos de enfermedades que se producen por una falta de control de nuestro cerebro sobre el cuerpo.

La importancia de un cerebro sano y una mente capaz de aprovechar todos sus recursos nos permitirá utilizar correctamente nuestro cuerpo, saber cuándo una parte de él está desarmonizada, cuándo la enfermedad nos acecha y, también, cómo podemos autocurarnos. Todo ello nos lleva a algo que vamos a abordar en el próximo capítulo, una de las posibilidades más fantásticas de la mente humana: la curación instantánea.

COMER HIZO AL HOMBRE

Un cerebro sano y cuidado es importante, pero también debe estar en consonancia con el resto del cuerpo. Por esta razón, la alimentación en general también debe entrar en un proceso total de mente-cuerpo.

La alimentación tiene una importancia vital, no sólo su contenido, sino la disposición y relación que tengamos con ella. Es decir, como dicen los chamanes, debemos escuchar a la comida que consumimos, ya que comer es un acto sagrado en el que debemos poner suma atención.

«La enfermedad no aparece en el hombre solamente como fenómeno físico al que deben atribuirse causas materiales: del descubrimiento del mal nace la conciencia de sí mismo.»

Marcel Sendrail (*Historia cultural de la enfermedad*)

Es vital que escuchemos a nuestro cuerpo antes y después de comer. Antes, para saber qué necesita, qué alimentos precisa, debemos preguntar a nuestro cuerpo, escucharlo y oír sus mensajes. Después también hay que escucharlo, para saber si lo ingerido es lo que necesitaba o si los alimentos estaban en buenas condiciones. Por otra parte, al preparar un alimento, debemos hacerlo con respeto y con intención, sabiendo que vamos a ingerir una parte de la naturaleza que nos rodea y que va a formar parte de nuestro ser. Recordemos que nuestro cuerpo precisa determinadas vitaminas, ciertos alimentos y que llama nuestra atención con dolores y resfriados. Si no lo escuchamos aumenta el riesgo de enfermedad.

Cualquiera de los alimentos que ingerimos se convierte en energías, y son precisamente esas energías las que nos permiten tener una relación con el resto del Universo. Una alimentación sana supone, sobre todo, reducir la cantidad de grasas que se consumen, consumir menos proteínas animales y sustituirlas por proteínas de pescado y soja, comer verduras y fruta fresca, así como cereales integrales. En el caso de las frutas y verduras, deben lavarse para eliminar las sustancias contaminantes que puedan presentar. La dieta siempre debe ser variada.

También hay que poner especial atención en el agua, recordemos que estamos formados por agua, que es el elemento más abundante en nuestro cuerpo, y por tanto debemos escogerla con sumo cuidado. Hay que informarse acerca de la fuente de procedencia del agua y qué sustancias contaminantes podría contener. Si es necesario, hay que instalar sistemas de filtros por ósmosis inversa. También es recomendable beber agua embotellada garantizada, sobre todo en botellas de vidrio o plástico duro transparente. No resulta nada aconsejable beber agua que tenga algún sabor, especialmente sabor a cloro.

 ## Un ejercicio práctico para dominar el miedo a la enfermedad

El miedo a contraer enfermedades puede desencadenar la hipocondría, que es creer que uno está enfermo, hasta el punto que desconfía de los exámenes médicos que se realizan. Los hipocondríacos son personas negativas, pesimistas y aprensivas. Su tema principal de conversación son las enfermedades. Veamos algunos consejos y un ejercicio práctico.

- La salud no se consigue autoexplorándose continuamente y hablando todo el día de enfermedades. La salud se consigue a través de una vida sana y una alimentación equilibrada.
- El peor enemigo de la enfermedad es ser optimista y positivo.
- Debemos cuidarnos, pero eso no significa estar todo el día tomándose la temperatura, mirándose la tensión arterial, o explorándose el cuerpo en busca de bultos.
- La vida no debe girar en torno a la enfermedad, la enfermedad es sólo un accidente en el que muchos casos somos los principales culpables. En la vida existen otros valores más importantes y positivos.
- Ya hemos visto la importancia que tienen los pensamientos y, por tanto, el solo hecho de creerse enfermo puede crear alteraciones psicógenas y provocar síntomas reales, funcionales u orgánicos.

Veamos ahora un ejercicio mental que nos puede ayudar a superar ese miedo a la enfermedad, y que, al mismo tiempo, fortalecerá nuestro sistema inmunológico. Supongamos que tenemos que visitar a un enfermo en un hospital y tenemos miedo a contagiarnos, o que la ciudad en que vivimos sufre una crisis de gripe y tenemos miedo al contagio cuando viajamos en los transportes públicos.

Este simple ejercicio nos ayudará a superar los miedos.

- Antes de salir de casa, sentados en una silla, damos los siguientes pasos mentales.
- Relajamos todo nuestro cuerpo, utilizando cualquier método.
- Respiramos profundamente sintiendo cómo el aire penetra en nuestro cuerpo. Al mismo tiempo, nos repetimos a nosotros mismos: «Soy una persona sana, fuerte y correctamente alimentada. Mi sistema inmunológico repelerá cualquier agresión externa». (Repetimos varias veces esta idea mientras respiramos profundamente.)

- Seguimos respirando, sintiendo cómo el aire que penetra en nuestro cuerpo nos fortalece. Ahora repetimos: «Ningún microbio, virus o bacteria puede entrar dentro de mí, y si lo hace será expulsado por las defensas de mi cuerpo».
- Seguimos respirando mientras reflexionamos sobre el hecho de que ninguna enfermedad pueda afectarnos, nada va a contagiarnos y no vamos a tener miedo a contraer nada,. Esto nos fortificará y hará que nuestro cuerpo sea inmune a cualquier tipo de enfermedad.
- Damos instrucciones a nuestro cerebro para que fortalezca todo nuestro cuerpo y movilice los linfocitos T para impedir cualquier infección.

7

El paradigma
de la curación
instantánea

Confiad en vuestro cuerpo.

Friedrich Nietzsche

CURACIÓN INSTANTÁNEA

Tras diversas pruebas clínicas el médico diagnostica una enfermedad incurable. Plazo de vida, un par de meses. El enfermo recibe este diagnóstico, se niega a recibir tratamiento y decide luchar por su cuenta o no luchar. Cuando regresa al cabo de varios meses al médico y éste le realiza nuevos análisis, descubre que aquella enfermedad ha desaparecido, que aquel tumor ya no existe. En ocasiones este cuadro se produce en el mismo centro médico donde está interno el enfermo. Aunque le dan una par de semanas de vida, al cabo de unos días, la enfermedad mortal ha remitido y ha desaparecido del cuerpo del enfermo. Esto es lo que denominan los médicos: curación o remisión instantánea.

La curación instantánea revela que algunos pacientes, pese a sufrir enfermedades incurables o muy graves, recuperan la salud de forma inexplicable. Este hecho es real. Se han dado muchos casos en hospitales, existen historiales clínicos que lo corroboran. No se puede atribuir a errores médicos en los diagnósticos ya que han sido varios los especialistas que han examinado al paciente. Por otra parte, existen placas radiográficas donde se aprecian tumores que, en nuevas radiografías, han desaparecido.

La curación instantánea no es un milagro, por lo menos tal y como lo calificarían algunas religiones que ven el milagro como un hecho no explicable en el que existe una intervención sobrenatural o divina. Pero también el milagro es cualquier suceso o cosa rara, extraordinaria o maravillosa que no ha de ser necesariamente atribuida a una deidad.

«Las oraciones que piden bienes materiales concretos son perversas [...]. La plegaria como medio para un fin privado es maldad y robo. Presupone dualidad y no la unidad en naturaleza y conciencia.»

R.V. Emerson

Sí es cierto que algunos enfermos terminales han rezado para recuperar su salud y seguir viviendo, pero este hecho sólo ha formado parte de la terapia que ha podido contribuir a su curación. Tampoco podemos creer que los milagros curativos que se producen en ciertos santuarios son fruto de una mera intervención divina, sino más bien el resultado de hechos sugestivos que han intervenido y han solucionado un problema del cuerpo que era más mental que físico. Sería muy inmoral pensar en un Dios que atiende a un enfermo que peregrina a Lourdes o Fátima para rogar su curación y, por otra parte, deja morir a cinco mil niños de hambre cada día en el mundo. Son muchos los que acuden a estos santuarios y regresan como estaban, sólo un porcentaje muy bajo tiene una remisión de su enfermedad, y, en estos casos, las causas son más psicológicas que divinas.

«Tú eres el que tiene que hacer el esfuerzo. Los maestros sólo te señalan el camino.»

Buda

Bajo el aspecto de la medicina, especialmente la medicina cuántica, tal como la denominó el doctor Deepak Chopra, los enfermos consiguen su curación porque han logrado entrar en un nivel de su conciencia donde se produce la curación instantánea. Éste es un proceso en el que actúan niveles más elevados de la mente y la consciencia, y donde se establecen las condiciones apropiadas para que actúe un poder de recuperación interno del paciente, una actitud que lleva la armonía y el equilibrio a la parte del cuerpo inestable, una comunicación subatómica perfecta y armónica que restablece el contacto roto entre mente y cuerpo reestableciendo la sintonía de nuestras ondas. Se trata de un proceso que se produce en lo más profundo de nuestro ser, donde existe el deseo de recuperarse totalmente, de recobrar una armonía rota por una actitud mental, por un estado negativo. En el proceso de curación interviene la mente y la consciencia, el cerebro obedecerá y producirá todas las sustancias endógenas necesarias para restablecer el equilibrio de la parte afectada, así como linfocitos T y otros anticuerpos y defensas necesarias.

Los especialistas han podido constatar estos hechos relativos a las curaciones instantáneas, observando que se producen cuando los pacientes experimentan un cambio radical en su nivel de consciencia. Precisamente, es esta consciencia la que elimina la existencia de una enfermedad, la que la prohíbe. Recordemos que Lynne McTaggart destaca que la enfermedad es un estado donde la comunicación subatómica se rompe y que enfermamos cuando nuestras ondas no están en sintonía. El cerebro funciona por procesos cuánticos interiores, cada neurona, dentro de este proceso, puede conectarse al mismo tiempo y hablar con todas las demás simultáneamente, y dar las instrucciones necesarias para que las energías se desbloqueen en su recorrido por el cuerpo y accedan a las zonas más oscuras, allí donde ha surgido la enfermedad.

Es precisamente en el cerebro-mente-consciencia donde se inicia el proceso de curación, traspasando los niveles más elementales del cuerpo, tales como células, tejidos y órganos. Para que el proceso funcione tiene que haber un encaje entre materia y mente, entre consciencia y órganos.

La física actual ha demostrado lo que ya decían muchas civilizaciones antiguas: que estamos unidos por conexiones imperceptibles con el Todo.

OBSTÁCULOS PARA LA SANACIÓN

Antes de estudiar cuáles son las cualidades que una persona ha de tener para que se active el proceso de recuperación interna ante la enfermedad, abordaremos los obstáculos más comunes que pueden surgir para sanarse.

Sabemos que si pensamos negativamente atraemos lo negativo, la enfermedad. Hemos visto que cuando estamos deprimidos o angustiados nuestras defensas descienden. Por tanto, lo que debemos de conseguir es un estado positivo.

En realidad, posiblemente no existen, literalmente, lo que llamamos energías positivas o negativas; sólo existe un campo de energía, somos nosotros quienes con nuestro dualismo creamos lo negativo u hostil frente a lo positivo. El dualismo es la creencia de que existen dos tipos de sustancias en el mundo: las físicas y las mentales. Pero la física cuántica nos demuestra que lo físico es vibración y, en otros casos, ondas. Todo parece mental y a través de la mente creamos el mundo. La realidad es que para no ser dualistas se requiere una cierta forma de pensar. Y esta nueva forma de pensar es la clave del nuevo paradigma. Pero este tema ya lo abordaremos en el capítulo siguiente.

«Toda mente se convierte en vieja mente un instante después de su percepción. Por consiguiente, investigar en su naturaleza presente es el modo de vivir en la mente nueva. Vivir el momento presente es vivir por primera vez.»

Steven Levine

Para eliminar la enfermedad hay que creer que podemos hacerlo, que podemos autocurarnos; no debemos dudar ante esto. Si podemos armonizar y equilibrar nuestra mente gracias a un paseo por la orilla del mar o por un sendero de la montaña, también podemos armonizar y equilibrar nuestro cuerpo, siempre que consideremos que mente y cuerpo forman un Todo.

El principal obstáculo para autosanarnos es mantener la conciencia de que hay que luchar y enfrentarse a la enfermedad con el fin de aplastarla. No, la autosanación no se trata de una guerra interna. Cualquier agresividad, violencia u odio contra aquel dolor o aquella enfermedad que tenemos sólo tendrá como respuesta una reacción negativa. Hay que acercarse a la enfer-

medad con cariño, con amor, con intención de armonizar para sanar la zona enferma.

Otro obstáculo importante que debemos tener en cuenta es el miedo, el estar asustados. Es evidente que una enfermedad asusta y preocupa, pero esos estados perjudican más que curan. El miedo es el peor enemigo, porque paraliza. De la misma forma que paraliza nuestra mente, el miedo paraliza cualquier actividad armoniosa hacia el cuerpo. Por tanto, debemos enfrentarnos a la enfermedad con valentía, y eso sólo se consigue si uno está convencido de que puede curarse.

«Ves como un drama lo que es sólo un momento natural de tu evolución.»

Tom Heckel (consejero psicológico de la Escuela Gestalt)

Pueden surgir muchos más obstáculos, puede ocurrir que el médico dude de lo que nos proponemos hacer, que nuestros amigos se lo tomen a broma y que los familiares discrepen. Pueden surgir muchos más obstáculos, pero, antes de que nos pillen desprevenidos, debemos exponerlos y transformarlos. Hay que saber que no todo el mundo cree lo mismo que nosotros. Hay que considerar que la duda será algo normal en el proceso, que puede surgir miedo. Que tendremos pena y tristeza, incluso resentimientos hacia nuestro pasado por habernos generado la enfermedad. Hay que enfrentarse a todos estos hechos antes de iniciar el proceso y considerarlos como una faceta de la vieja mente.

ANTE UN SABER PROHIBIDO

Ante todo, destacaremos que la meditación se revela como uno de los grandes métodos para sanar. Sobre este aspecto voy a relatar un método relacionado con la meditación que se experimentó con enfermos terminales en algunos hospitales de Estados Unidos.

Con la autorización del paciente, del médico y de la familia, se organizaba un grupo de personas expertas en meditación y en técnicas mentales. El grupo se reunía alrededor de la cama de enfermos terminales o enfermos en situación muy grave, a los que se les explicaba que esas personas tratarían de enviarle mentalmente energías positivas, armonía y equilibrio para curar su enfermedad, por lo que debía estar receptivo y creer en la capacidad de esas personas. El grupo se sentaba alrededor de él y durante una hora le transmitía amor, equilibrio, armonía hacia el foco de la enfermedad o hacia todo el cuerpo. Esta experiencia se repetía varios días y se hacía con diferentes enfermos. Los resultados fueron divergentes. Hubo algunos casos en que el enfermo tuvo una curación instantánea, otros en que superaron la enfermedad lentamente, pero, también, otros en que los enfermos empeoraron y fallecieron.

En algunos casos, en aquellos en que no se producía ningún cambio apreciable, el enfermo, la familia o el médico renunciaban a seguir el proceso.

Realizar un análisis de este experimento es difícil, ya que en ningún caso los médicos accedieron a que se suspendiese el tratamiento médico que se estaba dando al enfermo, por lo que la curación, si se producía, también podía achacarse a la medicación. En los casos de fallecimiento del paciente no había dudas: habían fracasado tanto por la medicación como por la experiencia sanadora.

En los casos de fracaso del experimento, también podía mantenerse la hipótesis de que el enfermo no ponía suficiente fe en lo que le estaban realizando, o que no creía en absoluto que este procedimiento lo curase. Este tipo de paciente seguía teniendo miedo y permanecía cerrado a las energías que otras personas le estaban enviando.

Pero ¿y las curaciones?, ¿qué pasó en esos casos? Indudablemente, los médicos que no estaban de acuerdo con estos procesos mentales las atribuían a los tratamientos prescritos.

Se hizo una pequeña encuesta entre los que se curaron, aunque los resultados no son muy esclarecedores. En este grupo, había gente que creía profundamente en el proceso, y otros, ¡sorpresa!, que no creyeron nunca que aquellas personas que estaban alrededor de su lecho pudieran sanarlas. Sobre

este punto podríamos alegar que es posible que su cerebro racional no creyese, pero que su mente y su consciencia sí habían entrado en el proceso sin que el enfermo lo advirtiera.

«Toda situación de grupo debería ser un intercambio armónico de energía, y la conciencia de compartir y el uso útil de esta energía.»

Omar Ali Shah (*La senda del buscador*)

¿Podemos dudar completamente de estos grupos de sanación y de la capacidad energética que poseen? No parece razonable dudar de ello, y para afirmarlo me baso en una experiencia personal que viví en Francia. En aquellos tiempos, yo impartía clases de meditación, lo hacia en un centro donde se practicaban varias disciplinas transpersonales. En una ocasión, el miembro de otro grupo me solicitó participar en una experiencia energética. Se trataba de suministrar energías a un discípulo que estaba terriblemente cansado, padecía de agotamiento por exceso de trabajo en la vida mundana y siempre llegaba extenuado a las clases. Se colocó al discípulo estirado en el centro de una círculo que formamos todos. El instructor colocó las manos sobre su cuerpo, yo actué de «anclaje», es decir coloque mis dos manos sobre los hombros del instructor que estaba sentado en el suelo de espaldas a mí y, como ya he indicado, con sus manos sobre el discípulo agotado. Todos los demás discípulos cerraron un círculo sujetándose por las manos y, dos de ellos, uno a mi derecha y otro a mi izquierda, unidos a mí colocando su mano libre sobre mis hombros. En un momento dado, el instructor dio la orden de enviar energías. Medio círculo lo hizo hacia la izquierda y el otro medio hacia la derecha, de forma que la energía me llegaba por los dos lados y yo la transmitía al instructor quién, a su vez la hacia llegar al discípulo afectado por el cansancio. Todos trabajamos voluntariosamente en transmitir energía y mantenernos en un estado presente y activo de lo que estábamos haciendo. Así, se mantuvo este círculo energético durante treinta o cuarenta minutos, hasta que el instructor dio la orden de dejar de emitir energía. En aquel mismo instante, yo, que actuaba de «anclaje», sentí como si literalmente me hubiesen «desenchufado» de una corriente que transitaba por mi cuerpo. Sentí una rara sensación, la falta de una fuerza. Algo que durante el proceso no había captado, ya que la energía fue aumentando paulatinamente a lo largo de toda la sesión.

> «Aunque el lugar de meditación sea exiguo, contiene el Universo. Aunque nuestro espíritu sea ínfimo, contiene lo ilimitado.»
>
> Maestro Sekito

El instructor se levantó sacudiendo con fuerza sus brazos, como si estuviesen cargados de energía. Parecía como si se desprendiesen chispas de ellos. El discípulo que había recibido todas las energías explicó que sintió como si una fuerza exterior penetrara en él, reforzándolo, reanimándolo y haciendo desaparecer todo su agotamiento.

Creo que para transmitir energía a otra persona sólo se precisa intención, pero también tiene que existir credulidad por parte del receptor.

CONSEJOS PRELIMINARES PARA LA CURACIÓN

- Para curarnos precisamos cierta disposición, unas cualidades determinadas que analizaremos a continuación de una forma esquemática.
- Debemos concertarnos en la curación, sin otros pensamientos, emociones, miedos ni nada que nos distraiga de la recuperación.
- Ante todo, debemos tener una intensa sensación de seguridad. Estar, desde el principio del proceso, seguros de que nos vamos a recuperar, de que nos curaremos, al tiempo que sentimos que la fuerza responsable de esa curación viene de dentro de nosotros.
- Debe existir una gran fuerza de voluntad. Estar dispuesto a trabajar con nosotros mismos cada día, sin descanso, sin pausa, sin respiro.

- Nunca debemos sentirnos infelices, ni compadecernos, estar animado es importante para la supervivencia.
- La conciencia debe encontrar su propio camino por encima de los daños sufridos en el organismo.
- No será la técnica la que realiza la sanación, sino la intención, la motivación y el esfuerzo que se emplea.
- Cualquier técnica que utilicemos, como la meditación o el envío de energías y armonía al lugar dañado, debe ser aplicada con espíritu de descubrimiento.
- Hay que enviar cariño al lugar donde se encuentra la enfermedad. Nunca hay que combatir, sino buscar la paz interna en ese lugar.
- Se observa que, cuando se explora el lugar afectado con dulzura y dejamos de resistirnos, el dolor se hace más accesible a la sanación.
- El ablandamiento de la zona enferma es vital. La meditación sobre el lugar afectado ayuda a ablandar.
- Tocar el lugar afectado con nuestras propias manos, emitiendo cariño, energía y armonía ayuda a la curación, de la misma forma que si lo hacemos a otra persona transmitiendo energía, armonía y amor usando los poderes primordiales de la mente y el espíritu.
- Creer que hay una inteligencia superior dentro de nuestro cuerpo, una inteligencia espiritual, cuántica.
- Y, sobre todo, aceptar que han sido nuestros propios pensamientos y reacciones las que crearon la enfermedad.
- Las crisis, las enfermedades, no están en el mundo exterior. Más bien está dentro de nosotros, en nuestra consciencia. Lo que significa que es el ser humano el que debe cambiar.

UN CUERPO Y UNA MENTE QUE DESEAN ESTAR SANOS

En la curación instantánea existe una serie de factores que debemos considerar. El cuerpo humano desea estar sano, no desea estar enfermo. Todos nuestros genes luchan por mantener vivo y sano nuestro cuerpo con el fin de transmitir, a través de la herencia, la información y la experiencia adquirida, tal como explica Richard Dawkins en *El gen egoísta*. Por otra parte, el cuerpo quiere encontrarse en un estado correcto porque es su equilibrio perfecto, su estado natural, un estado en el que las energías circulan libremente, sin estar entorpecidas por tumores u otros elementos dañinos.

Sabemos que el ADN tiene en su interior toda la información necesaria para fabricar enzimas a fin de «autorrepararse». El sistema sanador del cuerpo está operando continuamente, siempre está en alerta roja. También tiene capacidad de diagnosticar la enfermedad y detectar el lugar afectado por ésta o sus inicios. Con esta facultad, puede eliminar estructuras dañinas y reemplazarlas por estructuras normales. Si, por ejemplo, nosotros nos clavamos una astilla en la piel y no actuamos para extraerla, será el propio cuerpo humano quién lo efectuará, y pasados unos días terminará expulsándola.

> «La enfermedad contribuye a la definición de una cultura. Cada siglo tiene un estilo patológico propio.»
>
> Marcel Sendrail (*Historia cultural de la enfermedad*)

Si cuerpo y mente desean estar sanos, la curación se convierte en una capacidad natural. El cuerpo quiere sanar. Si cada siglo tiene un estilo patológico propio, como dice Marcel Sendrail, el siglo XXI tiene la meta de que aprendamos a reconocer los poderes de nuestro cuerpo, su capacidad de curarse y de ayudar a otros en la curación a través de las energías que se generan en un cuerpo sano.

> «La curación espontánea es una tendencia natural que nace de la naturaleza interna del ADN.»
>
> Dr. Andrew Weil (*Curación espontánea*)

Sabemos que el cuerpo es un todo y que todas sus partes están conectadas. Ninguna parte del cuerpo es ajena a un dolor de otra parte, a una herida o una enfermedad. Todas las partes del cuerpo contribuyen a la restauración de la parte afectada, siempre que nosotros pongamos intención y creamos en ello. Porque no existe una separación entre cuerpo y mente. Un ejercicio físico determinado puede resultar beneficioso en el plano psicológico, igual que nuestra postura psicológica es beneficiosa para la cura de una enfermedad que afecta al cuerpo.

UN CUENTO PARA REFLEXIONAR

El siguiente cuento fue publicado por primera vez en marzo de 2007 en una revista llamada *SER*. Fue escrito por el autor de este libro y Eduardo Romero-Girón. Con él buscábamos explicar que, al igual que los animales tienen una comunicación entre ellos y el ácido desoxirribonucleico transmite unas instrucciones de una generación a otra, cabe también la posibilidad de que exista una comunicación entre un bacilo y un ser humano. Este cuento, titulado «El milagro», fue comentado entonces por Narciso Ibáñez Serrador con las siguientes palabras: «...este cuento, en mi opinión, no es bueno, es buenísimo...». Creo que adjuntarlo a este libro ayudará a comprender el poder de la mente del hombre sobre sí mismo y sobre los demás.

El milagro

«...Señor, si quieres, puedes limpiarme...»
Durante mucho tiempo íbamos realizando la misma operación. ¿Hasta cuándo duraría la interminable colonización de tejido tras tejido? Después de haber penetrado en tantas fibras supeditando sus células a nuestro dominio, y a pesar de saber que nuestra frágil estructura necesitaba de ello para subsistir, empezamos a encontrarnos cansados al no comprender la existencia de una razón lógica de nuestra actitud.

Nosotros no éramos los primeros ni seríamos los últimos. Nuestros antepasados surgieron de un tubérculo cutáneo para invadir aquella continuidad de células, imprescindibles para nuestro desarrollo y nuestra supervivencia. Dada la ilimitada cantidad de estas células, necesitaron dividirse en muchos y grandes grupos que se alejaron los unos de los otros, dejando entre sí millones de células de distancia. Hoy, cada grupo trataba de extender sus dominios aumentando el número de tejidos ocupados. Muchas veces nos preguntábamos con inquietud: ¿Qué sería de nosotros cuando los tejidos invadidos llegaran a su fin, y sólo una estrecha línea de células vírgenes limitaran la extensión de los diferentes grupos separados en un principio? Esta pregunta hacía estremecerse de un extremo a otro mi pequeño y cilíndrico cuerpo.

Decidí alejar mis pensamientos y dedicarme a mi misión. Continué la invasión en sentido ascendente y rodeado de otros muchos me dirigí hacia un nervio periférico. De pronto, una extraña sensación nos rodeó, todos detuvimos nuestra labor atentos al extraño influjo que nos circundaba. Algo así como una presencia superior, que derramaba sobre nosotros lucidez y discernimiento.

«…compadecido de él, alargó la mano y, tocándole, le dijo: quiero, queda limpio…»

Al momento, una gran vibración nos sacudió paralizándonos, a la vez que una resplandeciente luz iluminaba nuestro alrededor. Multitud de diminutos puntos de vivas tonalidades cruzaban vertiginosamente el espacio. Sentí su impacto cuando alcanzaban mi cuerpo, produciéndome una sensación de cosquilleo. Todos los problemas que antaño me aturdían desaparecieron en un instante para convertirse en respuestas concluyentes. Sentí con diáfana claridad mi situación y la de todos mis congéneres. Pequeños e insignificantes seres que, con nuestro intensivo trabajo estábamos minando la fuerza y la salud de un ser superior a nosotros.

Tantas fatigas durante tanto tiempo invertido en invadir células y más células, todo para convertirnos en una raza poderosa, sin imaginarnos que, a la vez, nos habíamos acercado peligrosamente hacia nuestro Apocalipsis.

¿Cómo era posible que hasta ese momento no hubiésemos comprendido que, con la destrucción de este ser, sobrevendría la nuestra? Había sido necesario que otro ser exterior y muy superior al que habitábamos nos hubiera hecho comprender la realidad. Lentamente, empezamos la descolonización…

★

En un pueblo de Palestina, un hombre corría alocado por las calles gritando: ¡Milagro! ¡Milagro!

Preguntándole la gente qué era lo que le acontecía, les explicaba que, un hombre llamado el Mesías, le había curado la lepra.

Un ejercicio para chequear nuestro cuerpo

El ejercicio que se propone a continuación tiene como objetivo realizar un chequeo de nuestro cuerpo y encontrar aquellos lugares que padecen algún tipo de anomalía. No existe mejor medio que nuestra mente para conocer nuestro propio cuerpo. Si nuestra mente está preparada, abierta y sensible a los mensajes internos, podrá captar cualquier problema que nos afecte.

Comenzaremos el ejercicio extendiéndonos cómodamente sobre una colchoneta o sobre la cama. Prescindiremos de la almohada. Toda la espalda debe sentir perfectamente la base sobre la que estamos tendidos. Los pies ligeramente separados con una distancia entre ellos no superior a la anchura de nuestros hombros, los brazos estirados a los lados del cuerpo, las manos también estiradas, todo relajado.

Se trata de un ejercicio que también podemos realizar cuando tenemos un dolor concreto en alguna parte de nuestro cuerpo. Ese dolor que nos puede amargar un día de fiesta o cualquier otra actividad que queramos realizar.

- Empezaremos por respirar profundamente. Con los ojos cerrados, prestaremos atención a las sensaciones que acompañan a nuestra respiración.
- ¿Existe alguna zona de nuestro cuerpo en la que apreciemos algún malestar? ¿Es posiblemente un lugar en el que sentimos más frío o más calor?
- Una vez localizada esa zona, que puede estar en cualquier lugar del cuerpo (una rodilla, la nuca, el estómago, la espalda, etc.), nos centramos en sentir qué hay allí. Nos limitamos a observar, simplemente observar.
- ¿Existe alguna tensión? ¿Hay alguna rigidez? ¿Sentimos dolor? ¿Qué clase de dolor? ¿Escozor, pinchazos, quemazón...?
- El siguiente paso es una observación de nuestra actitud frente al hecho de haber localizado un lugar de nuestro cuerpo en el que sentimos malestar. Debemos de observar si existe algo que impida que nuestra conciencia explore ese lugar.
- Nuestra actitud debe ser simplemente la del observador, sin intentar cambiar nada.

- Tenemos que comprobar si, a medida que la conciencia va entrando en contacto con las sensaciones que surgen en la zona que nos produce molestias, se produce algo que bloquea esta observación.
- ¿Se interponen pensamientos? ¿Surge alguna imagen? ¿Nos viene algún recuerdo? Cualquiera de estos hechos puede tener una clara relación con la molestia que tenemos. Una molestia estomacal puede ser consecuencia de un disgusto que hemos tenido el día interior, «algo que hemos tragado y que no ha sido digerido bien por nuestra mente». El recuerdo de esa situación nos puede llevar a esclarecer esa molestia que tenemos. Simplemente debemos buscar si existe algún sentimiento o hecho que esté asociado con las sensaciones que hemos denominado molestias.
- Centrados sobre el lugar de la molestia seguimos observando lo que aflora a la mente, sólo recibimos los mensajes, las sensaciones sin ningún tipo de resistencia.
- Es importante observar si existe alguna sombra que oscurezca la recepción de esas sensaciones, que se interponga a las posibles causas de la molestia.
- Ese aspecto que se interpone puede ser la causa de la molestia que nos aqueja o puede tener mucha incidencia en ella. Puede ser un componente psicosomático que esté influyendo en la molestia. Por tanto, debemos llegar a él, penetrar en lo más profundo, hacer que nuestra conciencia entre en esa incomodidad, ya que es lo que impide la compasión.
- Abordamos la zona molesta de nuestro cuerpo, pero no luchando contra la molestia, sino sabiendo que está ahí y que hay que darle amor, no enfrentarse con fuerza, sino con dulzura, ya que se trata de una zona herida, una zona que tenemos que curar.
- Le enviamos con nuestra mente cariño, compasión y comprensión. Es como si la estuviéramos abrazando con amor. Si eso nos puede ayudar, también podemos pasar nuestra mano por encima acariciando el lugar.
- Nuestra actitud debe ser la de dejar que la conciencia acepte lo que allí ocurre con cariño y compasión.

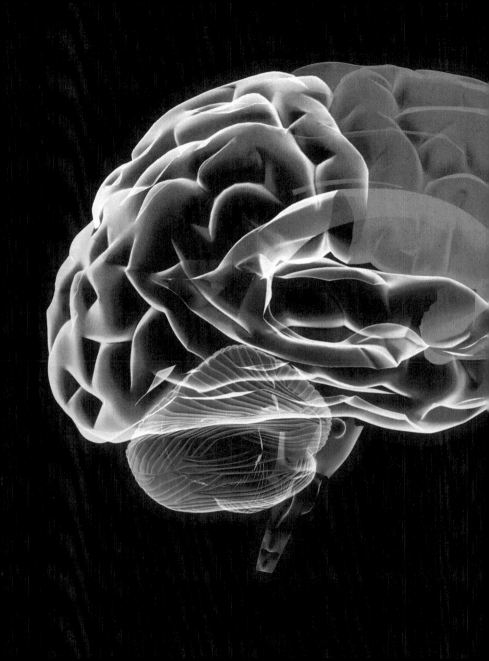

8

Bipolaridad y energías en las relaciones sociales

Ser estúpido, egoísta y estar bien de salud, he aquí las tres condiciones que se requieren para ser feliz. Pero si os falta la primera, estáis perdidos.

Robert Burton (*Anatomía de la melancolía*)

UNA VOZ INTERIOR QUE NOS EMPUJA

En la civilización actual nos encontramos con que sabemos cosas que, hasta ahora, nunca habíamos necesitado saber. Este hecho produce que nuestra psiquis se mueva a una velocidad de vértigo hacia aspectos que, durante miles de años, los seres humanos no habían podido imaginar. Se trata de un estado mental distinto a lo que teníamos hasta ahora.

Antiguamente, la vida de una persona transcurría sin grandes cambios en su entorno. La gente vivía monótonamente en sus casas o castillos y sólo la llegada de los viajeros que venían de lejanos países trastornaba su mundo con las historias sobre extrañas costumbres, razas, construcciones o enfermedades. Ahora, cada día asistimos con sorpresa a los cambios que nos depara la vida, las sorpresas de los descubrimientos científicos, las nuevas teorías sobre nuestra psiquis y nuestro cerebro, el descubrimiento de lo que somos y el entorno. Nuevos paradigmas que, de pronto, trascienden todo lo que creíamos que era el Universo y nuestra relación con él. Vemos cómo nada es perenne ni definitivo, ni siquiera lo más sagrado que eran nuestras creencias religiosas.

«Vivimos en un Universo de novedad emergente.»

Karl Popper

En la vida social, no sólo varía el concepto que teníamos de la familia, sino también lo que considerábamos habitual en las relaciones sociales. Ni el matrimonio es para toda la vida, ni el trabajo será el mismo. Habrá quien contraerá varios matrimonios y quien cambiará de empleo docenas de veces. Esto origina toda una nueva forma de pensar y relacionarse con los demás, una nueva manera de utilizar nuestras energías en la vida cotidiana.

Nos levantamos cada mañana y el decorado del escenario de la vida ha cambiado. Un nuevo descubrimiento científico nos deja perplejos y nos obliga a replantearnos todo lo que creíamos hasta ese momento. De pronto, nos explican que el Universo que nos rodea, con infinitas galaxias, no es más que un Universo más entre los incontables universos que pueden existir. O que cualquier enfermedad que se produce en nuestro cuerpo tiene un componente psíquico responsable de su aparición. Y este último hecho se evidencia al saber que, en el 2006, el cuarenta y siete por ciento de personas tenían niveles altos o muy altos de estrés, crisis, miedos o ansiedad. Y sabemos que estos estados son capaces de producir en el cuerpo humano cientos de desarreglos, desequilibrios y estados inarmónicos que se convierten en la miseria normal de la vida cotidiana y abren el camino a la mediocridad mental.

¿Cómo enfrentarnos a esta situación personal que afecta gravemente a nuestros estados energéticos?

Apreciamos, por lo que hemos explicado, que si vemos nuestro futuro igual que el pasado, vamos mal. Lo que funcionaba antes ya no funciona igual ahora. Por tanto, se requiere una nueva forma de pensar, relacionarse, generar energías y vivir la vida. El objetivo principal no cabe duda que es, ante todo, encontrarse mejor, estar armonioso con el cuerpo, sentir que no hay una dicotomía entre nuestro cuerpo y nuestra mente.

Así pues, el objetivo primordial es «estar bien». Si nosotros no estamos bien, todo lo que nos rodea funciona mal; si nosotros estamos bien, incluso podemos ayudar a otros para que también estén bien. Recordemos que nosotros somos lo más importante, porque, si no existimos, nada podemos solucionar. Da la impresión de que hablamos desde una postura codiciosa, como los «genes egoístas» de Richard Dawkins, pero si queremos ayudar a los demás, primero nos tenemos que ayudar a nosotros mismos. Si queremos amar a los demás, primero tenemos que amarnos a nosotros mismo. De nada sirve querer a alguien si no se le comprende. El verdadero amor es comprender a los demás, comprender porque se comportan de una manera determinada, saber a qué tienen miedo, qué les angustia, qué les hace daño y qué les ofende. Pero para comprender a los demás primeros nos tenemos que comprendernos a nosotros mismos.

«Es de tu miedo de lo que yo tengo miedo.»

William Shakespeare (*Romeo y Julieta*)

Esta reflexión nos lleva a concluir que los valores que antes creíamos que eran ciertos y verdaderos ahora ya no tienen tanta importancia. Sabemos, por ejemplo, que luchar para triunfar en la sociedad y ganar más dinero nos va a generar, a la larga, insatisfacción. Ser feliz no implica tener mucho, sino ser mucho. Lo importante es hacer lo que nos guste, trabajar en lo que nos aporte creación, conocimientos, interés, equilibrio emocional..., sin presiones, angustias, ansiedades y miedos. Hay que vivir con mayor sabiduría, y eso implica estar más por lo satisfactorio y por encima de muchos valores falsos. Se trata de consagrarse en un nuevo estilo de vida destinado a adquirir más conocimientos externos e internos. Sin miedo a los cambios. Sólo tienen miedo a los cambios aquellos que tienen mucho que perder en lo material, que tienen miedo de perder su poder, su fama. Son los que se aferran a que todo siga igual aunque eso represente terribles insatisfacciones para las generaciones futuras o, en definitiva, para sus propios hijos.

SOMOS UN DIÁLOGO ÍNTIMO

La mayoría de los seres humanos no viven el presente, se comportan como autómatas que van pensando en sucesos pasados, imaginándose situaciones de futuro o absorbidos por aspectos rutinarios y absurdos del mundo cotidiano, como la ropa que llevan los otros, sus peinados o el color de sus coches. Es decir, viven sumidos en un sueño sin prestar atención a lo único que existe siempre: el presente. El pasado es algo que ya ha transcurrido, no lo podemos modificar por más que hagamos, el futuro es algo que acaece constantemente en el presente. Vivimos un eterno presente.

«Soy simplemente lo que soy... vivo el presente.»

Henry D. Thoreau

El nuevo paradigma de la física cuántica pone en duda la existencia del tiempo, por lo menos como nosotros lo consideramos (y a nuestra escala). Una propiedad de la experiencia diaria que bautizamos con el nombre de «la flecha del tiempo», es algo que nos habla de cierta direccionalidad del tiempo que nos hace recordar el pasado pero no ver el futuro. Sin embargo, en escalas muy pequeñas, como la escala de la longitud de Plank,[8] la noción del tiempo no existe. Así, vemos que, cuando nos sumergimos en el mundo de la física cuántica, el tiempo es algo que tiene unas leyes completamente distintas.

«En cierto sentido, nosotros somos el espacio-tiempo.»

Lynne McTaggart (*El campo*)

Los cosmólogos nos explican que la asimetría del tiempo se debe a la expansión del Universo. La flecha del tiempo sólo tiene una dirección, todo transcurre desde un origen del Universo hacia el lugar de «nunca jamás».

Sin embargo, nosotros, como seres humanos, insistimos en pensar en el pasado y el futuro. Es la verborrea mental que llevamos encima la que no nos permite disfrutar plenamente el presente. Pascal decía que el hombre es un diálogo íntimo, y, lamentablemente, ésta es una realidad que nos impide estar en el presente, que nos convierte en seres sumidos en pensamientos innecesarios y que apenas reflexionan sobre lo que son y dónde están.

Esa verborrea mental nos está continuamente recordando el pasado o inventando el futuro. En ocasiones nos recuerda un pasado traumático, con hechos que queremos olvidar pero afloran para restarnos energías, para hacernos revivir momentos desagradables y errores garrafales que cambiaron nuestras vidas. Toda una serie de recuerdos que nos restan energías, que nos impiden estar en el aquí y ahora, que nos hacen sufrir y nos afligen y nos amenazan demostrando que somos frágiles y que nos equivocamos. Si los recuerdos son

8. 1/10 seguido de 33 ceros, 17 veces menor en magnitud que un protón.

buenos no dejan de ser nostalgias pasadas que nada aportan al presente. De la añoranza y de la melancolía no se vive. Vivir de buenos recuerdos pasados es como la historia de aquella estrella de cine, anciana y en declive, que se pasa horas viendo sus películas y recordando las filmaciones con una nostalgia que tiene más de sufrimiento que de recreación. Una situación terminal que la sume en el pasado y la aleja del presente.

«Todo el resto de mi vida ha sido un fraude. Sólo las películas han sido verdad. En ellas he acabado con cientos de indios y japoneses.»

John Wayne

Vivir pensando en el futuro también tiene sus inconvenientes. En ocasiones, cuando la mente explora el futuro lo hace con miedo, titubeante, temerosa de que podamos fracasar. En otras ocasiones nos hace protagonistas de historias de Indiana Jones que jamás se realizarán, por lo que nuevamente estaremos frustrando nuestro presente.

El lector puede alegar que los recuerdos del pasado pueden servir de experiencia para el presente. Es posible que así sea en algunos casos, pero nuestro presente siempre será distinto a nuestro pasado, ya que lo que antes servía puede estar hoy obsoleto. La idea de que nunca nos bañamos dos veces en el mismo río sirve para ilustrar que podemos estar en el mismo lugar del río, a la misma hora, con el mismo traje de baño, pero el agua será otra y el tiempo también.

TODO ES ILUSIÓN SALVO EL PRESENTE

Si queremos disfrutar de las energías que nos rodean y de las propias, tenemos que vivir el presente, tener consciencia de nosotros mismos, darnos cuenta de que estamos aquí y ahora. Eso significa despertar de ese bendito sueño en el que nos tiene atrapados el sistema en que vivimos. El sistema conspira contra nosotros, quiere que seamos seres autómatas que van por la calle sin darse

cuenta que existen, sumidos en sus recuerdos o inventando el futuro, lejos del presente. El sistema quiere que ocupemos un lugar en la fábrica o en la oficina y que nos comportemos como robots manipulables. En ocasiones, el sistema nos permite que hagamos chascarrillos de los demás, que curioseemos en sus vidas, que nos entusiasmemos con la corbata o la falda que llevan nuestros compañeros y compañeras. Son distracciones que compiten por nuestra atención, seduciéndonos para alejarnos de nuestra esencia y rivalizando para mantenernos en una mediocridad. Desgraciadamente, estas distracciones se convierten en hábitos tan fuertes que llegamos a concluir, equivocadamente, que eso es la vida y, que si no existieran, la encontraríamos tediosa y aburrida.

«La conciencia es ahora el territorio a someter, a invadir, a conquistar. De ahí la educación para el olvido; de ahí el incesante bombardeo del ruido y de la imagen; de ahí la amputación del ocio reflexivo y creador. Trabajar incesantemente, ininterrumpidamente, a fin de que no quede espacio para el raciocinio, para la duda, para el adiestramiento de la sensibilidad, para la profundización de la cultura y también, por qué no, para la expansión lúdica.»

Mario Benedetti

El sistema compite contra nosotros, nos atiborra de publicidad por la radio y la televisión, juega con arquetipos que se asemejan a nosotros y consigue que nos identifiquemos con ellos para entrar en el sistema, consumir o vivir sus falsos valores. Para eso están los culebrones televisivos, los programas basura que hurgan en la vida de los famosos, un sinfín de emisiones que sólo consiguen apartarnos de la realidad, y que, además, nos llevan a identificarnos con los personajes del folletín de turno, e incluso a admirarlos.

Empezamos a despertar, vivir el presente y perder la identidad de separación, cuando contemplamos el cielo y nos damos cuenta de que éste no se halla fuera de nosotros; cuando sentimos que no vivimos la experiencia, sino que somos la experiencia. Que no estamos contemplando lo que ocurre, sino que somos lo que ocurre y nos convertimos en lo que miramos. Es el paradigma cuántico, en el que el científico es parte del experimento.

> «Todo es ilusión salvo el presente. Para estar presente hay que interesarse más en lo que nos rodea que en la imaginación. Cuando uno se aferra al presente, la consciencia es divina. Cuando somos negativos nos degradamos, y nuestro grado de consciencia es muy bajo.»
>
> Robert Burton. (*El recuerdo de Sí*)

Estar conscientes de nosotros mismos es vivir intensamente el presente, darse cuenta de que estamos en el aquí y el ahora. Cuando la atención se fija sobre un objeto diferente al sujeto, este objeto ha aparecido ante nosotros. La existencia de un objeto sólo se hace posible gracias a la atención del sujeto, cuando lo puede ver como separado, o bien puede integrarlo a él y experimentarlo en las profundidades de su ser. Un hecho de gran paralelismo con las teorías de la física cuántica.

Por este motivo, hay que escuchar, estar atento y darse cuenta de cuándo dejamos de prestar la debida atención a muchas cosas que transcurren en nuestro entorno. El momento en que uno se da cuenta de que no está atento es, precisamente, el que nos indica que estamos atentos. Debemos escuchar nuestro cuerpo y todas las situaciones de la vida cotidiana.

Vivimos sumergidos en un sueño, como dicen los antiguos textos de las *Upanishad*. El despertar empieza por el conocimiento: pero el conocimiento interior, el de nosotros mismos. La mayoría de la gente ignora el deseo de conocerse. Vive por inercia, creyendo que esta vida es la única realidad que existe.

Todas las grandes filosofías (budismo, sufismo, hinduismo, zen, taoísmo, etc.), insisten en la necesidad de recordarse a sí mismo, en darse cuenta de las energías que funcionan por nuestro cuerpo y las que nos rodean, en aprovechar esas cargas para curarnos y para relacionarnos con los demás.

«Recuérdate a ti mismo siempre y en todo lugar.»

P. D. Ouspensky

No nos observamos sinceramente, no nos recordamos a nosotros mismos. Para recordarse hay que hacer un esfuerzo, realizar un acopio de energías. Para vivir sin recordarse sólo hay que desplazarse por el mundo por inercia, como autómatas, como rebaños disciplinados de ovejas. Si no nos observamos a nosotros mismos no comprenderemos jamás las conexiones de energías de que disponemos y que se mueven a nuestro alrededor. Lo importante es apartarse de los pensamientos mundanos y acogerse sólo a aquellos que tienen un valor trascendental. Sólo se trata de dirigir la atención sobre sí mismo sin permitir que se debilite o se eclipse, es todo un reto para adquirir un nuevo estado de consciencia.

EMULANDO A E. T.

Cuando somos conscientes de nosotros mismos, el mundo que nos rodea es diferente, lo vemos bajo otro prisma. Les propongo un sencillo ejercicio que nos hará ver la realidad de otra manera. Imaginemos por un instante que somos un extraterrestre que ha llegado a este planeta procedente de un sistema lejano donde la vida está sujeta a otros parámetros completamente distintos a los nuestros. Nada es igual, incluso nuestra estructura anatómica es distinta. Podemos movernos entre los terrestres sin que ellos nos perciban, ya que lo hacemos en otras condiciones físicas, pero podemos observarlos perfectamente.

«Los hombres son ciegos, están dormidos a causa de la rutina.»

H. D. Thoreau

Con nuestra identificación de extraterrestres empezamos a caminar por una gran avenida de nuestra ciudad, observando todo lo que nos rodea como si fuera la primera vez que lo vemos.

Así, sumidos en nuestro personaje alienígena, observamos lo que nos rodea como si no supiésemos su significado, tratando de ver las rarezas, los seres humanos con sus afanosas idas y venidas, su mundo de falsos valores, sus preocupaciones mundanas.

Bajo este prisma extraterrestre, los seres humanos nos parecerán raros y sujetos a extrañas actitudes. La gente viste de formas variopintas y se mueve sujeta a motivos que desconocemos. Si no supiéramos que son de carne y hueso nos parecerían robots o androides. No todos parecen tener la misma agilidad, edad y formas. Los hay con pelo largo, corto o sin pelo, con pelo en la cara o sin él, etc. Hay quienes van enormemente sumidos en ellos mismos, otros incluso hablan solos y gesticulan sin motivos aparentes. Los hay que llevan en sus bocas una especie de palos encendidos que arrojan humo. Hay seres que transportan a otros más pequeños, curiosamente montados en carritos.

> «Estar presente en el tiempo significa, cuando te levantas por la mañana, darte cuenta del grado de miedo o felicidad que sientes, o la mezcla de ambos.»
>
> Stephen Levine

Los seres con los que nos cruzamos forman un inmenso zoo incomprensible y variado. Pero ¿qué decir de los elementos que los rodean, de las cajas metálicas que se desplazan velozmente de un lado a otro y en las que se ven a través de unas aberturas las cabezas de esos seres humanos? La avenida que hemos elegido está, por otra parte, cargada de postes de los que cuelgan extrañas señales, objetos que se iluminan cuando oscurece, o conjuntos de luces de varios colores que se apagan y se encienden. También hay enormes dibujos que aparecen en las paredes con letras y objetos cuya finalidad es extraña. Todo este ir y venir está acompañado de infinidad de sonidos que inundan el ambiente, sonidos que en ocasiones son ensordecedores. Así como una gran cantidad de olores que provienen de las mismas personas o de profundos agujeros por los que suben y bajan.

La postura de alienígena nos permite ver todo este enjambre como nuevo y único. Si observamos al mismo tiempo nuestro cerebro veremos cómo este ejercicio hace que nos sintamos confundidos, tratando de dar respuestas lógicas a nuestra actitud desconcertante ante lo que vemos.

El ejercicio es interesante como método de observación ante los condicionamientos y alineaciones que tiene nuestro cerebro. Este ejercicio también lo podemos aplicar a una persona con la que llevamos tiempo trabajando o alternando, y veremos que nos hemos creado juicios de valor sobre ella, a veces equivocados, a veces a través de nuestros parámetros y valores que no eran los adecuados. La nueva perspectiva de esa persona nos permite partir de cero, tener concepciones distintas de ella, sobre todo si nuestra actitud es, simplemente, la de observar y no la de enjuiciar.

> Ivonne: ¿Dónde estuviste anoche?
> Rick: Hace tiempo de eso. Ya no me acuerdo.
> Ivonne: ¿Te veré esta noche?
> Rick: Nunca hago planes con tanta antelación.
>
> (Diálogo del film *Casablanca*, Michael Curtiz, 1942)

Para auto-observarnos y observar lo que nos rodea siendo consciente de ello, tenemos que vivir el presente, como Rick, el personaje de *Casablanca*. Vivir el presente es olvidar el pasado y no hacer castillos de naipes sobre el futuro. Vivir el ahora y absorber el pasado y el futuro en el momento presente.

PROBLEMAS, EN BUSCA DEL CAMINO INTERNO

Hay personas que parecen atraer las energías negativas, lugares que parecen estar cargados de malas energías, y también existen individuos que con su actitud engendran esas energías perjudiciales. En cualquier caso, sus vidas se ven envueltas por los problemas. ¿Podemos solucionar esos conflictos? En fin, existen personas que atraen a los problemas; otros están siempre en el lugar donde hay problemas; y algunos son el problema mismo. Pero también los hay que saben darle la vuelta a los incovenientes y convertir su lado negativo en positivo, y quienes no ven contrariedades en ningún sitio. ¿En cuál de estas situaciones se encuentra usted?

Si somos el foco de atracción de los problemas tendremos que empezar a plantearnos qué hacemos mal. Buscar las causas que tendrán que ver con nuestra actitud, con nuestras decisiones, con nuestra utilización de las energías negativas.

> «Si no puedes soportar la picadura, no metas tu dedo en el nido del escorpión.»
>
> Refrán sufí

Si estamos siempre en el lugar en que hay problemas quiere decir que hemos escogido un entorno equivocado, un lugar cargado de energías negativas, un ambiente propicio a la confrontación. También puede ocurrir que seamos una persona que agiganta o exagera las situaciones y las transforme en problemas. En cualquier caso, lo mejor es prescindir de estos lugares. Si este entorno es nuestro lugar de trabajo, lo mejor es buscar otro trabajo. Vivir en un ambiente de tensión, malestar y estrés, termina por afectar a nuestra salud física y mental, como hemos visto en el capítulo anterior. Lamentablemente, nos aferramos a relaciones y trabajos que no nos benefician, que nos producen estrés y enfermedad.

También puede ocurrir, como hemos explicado, que el problema seamos nosotros mismos, y que nuestras decisiones, nuestro comportamiento y nuestra negatividad produzcan problema tras problema. En estas circunstancias debemos repasar nuestros valores y nuestra manera de comportarnos en la vida. Cuando el problema somos nosotros, sólo la introspección y la autoobservación nos ayudará a analizar qué hacemos mal y en qué nos equivocamos, qué miedos tenemos o qué fobias hemos adquirido.

Compadezco a las personas que manifiestan que su vida ha sido desgraciada, que nada les ha beneficiado, que todos los que les rodean les han perjudicado, que los demás son los culpables de todos sus males o parte de sus males, que su situación en la vida es culpa de los demás. Son como los conductores que van por una autopista en dirección contraria y acusan a todos los demás de circular mal. Estas personas son los únicos responsables de lo que les sucede, ya que son ellos los que han tomado todas las decisiones que los han llevado a la situación actual en que se encuentran. Nuestras decisiones y el esfuerzo energético que hemos puesto en los actos son siempre el producto de lo que hoy somos. Si nuestro trabajo no nos gusta y hubiéramos querido ser abogados o médicos, hoy pagamos las consecuencias de no estudiar en su momento; si nuestro matrimonio es un fracaso, es porque hemos elegido a la persona equivocada; incluso muchas enfermedades que arrastramos o padecemos tienen su origen en una mala alimentación u otros hábitos perjudiciales. En realidad, creamos nuestros propios problemas. Uno de los rasgos más destacados de la victimización consiste en atribuir a los demás la culpa de los propios problemas.

«Vuelve una vez más a tus primeros recuerdos, no de tus contextos ni de tu yo empírico, sino de tu yo más profundo, tu idea de tu propia individualidad.»

Harold Bloom (*Presagios del Milenio*)

No cabe duda de que, en ocasiones, los problemas viene generados por otras personas y se convierten en problemas que nos afectan y nos salpican. En estos casos nosotros tenemos cierta carga de culpabilidad por haber escogido la compañía de la persona inadecuada. En cualquier caso, nuestra actitud debe ser positiva ante el problema, y debemos enfrentarnos a la situación como algo que no va con nosotros, un hecho que no va a afectar a nuestra energía positiva. Recordemos la ley sufí que habla de la «soledad en compañía», que es la habilidad de estar en los lugares sin que nos afecte el entorno. Si aplicamos la ley del péndulo veremos que todo problema negativo tiene un lado positivo. Hay que buscar ese lado y no negativizarlo más, conseguir que su parte desequilibrada vuelva a la armonía.

Siempre existe un camino para salir de todos los problemas, ese camino es en realidad un camino interno.

CUATRO CONSEJOS MÁS

No quiero insistir sobre el hecho de vivir intensamente el aquí y ahora. Creo que queda muy claro que para eludir una vida rutinaria y mediocre debemos vivir el presente siempre, ya que es lo único que nos aportara riqueza y bienestar. Vivir el presente es estar consciente de uno mismo, de nuestra mente y nuestro cuerpo. Es curioso que sólo estemos conscientes de nosotros mismos cuando sentimos algún malestar en nuestro cuerpo, cuando el cuerpo se queja por algo que hemos comido o por una postura incorrecta a la que lo sometemos. Antes de llegar al dolor el cuerpo habrá estado emitiendo pequeñas señales, advirtiendo que algo no funciona bien, pero nosotros no escuchamos a nuestro cuerpo, y cuando lo hacemos la enfermedad o la molestia ya ha surgido. ¿Por qué no podemos escuchar también a nuestro cuerpo cuando nos encontramos bien? ¿Por qué no le preguntamos si todo va bien? ¿Por qué no lo chequeamos para detectar cualquier inconveniencia? ¿Por qué, cuando ingerimos una bebida o alimento no escuchamos a nuestro cuerpo para saber si aquello le sienta bien o lo rechaza?

> «...creemos que todo mal huye de los lugares donde la gente es feliz.»
>
> El chamán Igjugârjuk (dicho a Knud Rasmussen, en 1930)

Escuchar a nuestro cuerpo es la asignatura pendiente de Occidente. En Oriente existe una meditación especialmente adecuada para escuchar al cuerpo y darse cuenta de que uno está meditando en una determinada postura. Se trata de la meditación zen, que obliga a adoptar una postura que, inicialmente, puede resultar dolorosa por lo forzado y erguido que obliga a estar al cuerpo frente a una pared que no permite ver nada más que la madera que la cubre. El objetivo es que el discípulo se dé cuenta de que está ahí, meditando en esa postura, y que sea consciente de su cuerpo.

Antes de abordar otros temas sobre las relaciones sociales y las energías, he aquí cuatro consejos más sobre nuestra actitud ante el presente.

- Debemos vivir el presente de forma íntegra y pura, sin interferencias mentales negativas. Es decir, sin interferencias mentales cargadas de odio, envidia y, especialmente, deseos.
- Vivir en continua atención significa que se está haciendo una acumulación de poder energético, ya que el estado de vigilia, despierto o casi trascendente, origina un gran poder energético interior, así como una acumulación de conocimientos sobre nosotros mismos y lo que observamos.
- La principal preocupación debe ser siempre nosotros mismos. Es lo que nos recuerdan e insisten todas las tradiciones antiguas: lo más importante es nuestro propio desarrollo y evolución, y esto es algo que está por encima de todo. Ese desarrollo y esa evolución serán lo que nos permitirá llevar una vida con más riqueza interior y nos dará la capacidad de ayudar a los demás para que también se enriquezcan interiormente.
- Hay que mantener el cuerpo en forma, si no cuidamos y amamos nuestro cuerpo no podemos amar otras cosas o entes. Ésta es una declaración que hizo Don Juan en el libro de Castaneda, cuando vio a un hombre que hablaba de ecología y salud y fumaba.

 ## Un ejercicio práctico para disolver los bloqueos internos

Esta técnica está basada en el proceso existencial del centauro de Ken Wilber. Se trata de buscar los bloqueos y tensiones en el cuerpo que se produjeron por traumas y situaciones paralizantes a lo largo de nuestra vida, bloqueos que se esconden en lo más profundo de nosotros. En una primera parte obraremos del siguiente modo:

- Nos tenderemos de espaldas sobre una estera. Boca arriba, brazos a los lados y piernas ligeramente separada.
- Cerraremos los ojos y respiraremos profundamente durante unos cuantos minutos.
- Empezaremos a explorar las sensaciones corporales, sin forzar nada y sin expectativas especiales. Recorreremos todo el cuerpo.
- Sin prisas, observaremos si se experimenta alguna sensación positiva o negativa en alguna parte del cuerpo. Por ejemplo: ¿podemos sentir las piernas?, ¿y el vientre?, ¿puedo sentir el corazón, los ojos, los genitales, los pies?
- Veremos que algunas partes transmiten sensaciones plenamente vitales y fuertes.
- Pero otras partes del cuerpo parecen opacas, pesadas, sin vida o borrosas.
- En una segunda parte llevaremos la inhalación del aire desde la garganta al abdomen, hasta que se llene todo el vientre de aire.
- Imaginaremos que todo el pecho y el vientre es un gran globo que vamos llenando cada vez. Debemos sentir la expansión del aire en su interior y luego exhalarlo.
- Repetiremos esta respiración que nos hincha siete veces, manteniendo en el interior una presión suave pero firme. Al mismo tiempo, nos fijaremos en las zonas del cuerpo que se sienten tensas, doloridas, adormecidas. Tomaremos mentalmente nota de la zona que presente una de estas características.
- A continuación entraremos en el tema de los bloqueos que hemos sentido, esas zonas oscuras, pesadas, borrosas, rígidas o que nos producían dolor cuando hinchábamos nuestro cuerpo.
- Algunos lugares en los que hemos podido sentir rigidez son: el cuello, los ojos, el ano, el diafragma, los hombros y la parte baja de la espalda. La insensibilidad nos puede haber afectado a la zona pélvica, los genitales, el corazón, el bajo vientre y las extremidades.

- No debemos intentar liberarnos de estos bloqueos, sólo descubrir dónde están. Entraremos en ellos en la segunda parte del ejercicio.

Está bien saber que los bloqueos son resistencias, agresividades, emociones, hostilidades. Cada bloqueo es la contención muscular de algún impulso o sentimiento tabú. Algunas tensiones son debidas a las causas que a continuación citamos:

- La tensión alrededor de los ojos es con toda probabilidad debida a que se ha contenido un deseo de llorar, que se han reprimido llantos en alguna o muchas ocasiones.
- Una tensión en las sienes es el resultado de apretar las mandíbulas para contener gritos o risas.
- Una tensión en los hombros o cuello indica enojo o furia contenida. Si la contracción de los hombros se produce cuando los movemos hacia dentro es debido a una hostilidad reprimida o negada, también presencia de miedo.
- Una tensión en el bajo vientre y en la base pélvica suele significar que uno ha interrumpido todo contacto consciente con su sexualidad.
- Una tensión o falta de fuerza en las piernas suele ser indicio de falta de arraigo y estabilidad, también carencia de un equilibrio general.
- Si el diafragma está tenso y contiene el aliento indica que controla la expresión de las emociones rebeldes o la atención sensible.
- Cuando la tensión se produce en las manos y brazos denota inseguridad y falta de capacidad para hacer cosas.
- La aceleración del ritmo cardiaco con tensiones musculares y sudor, muestra la presencia de ansiedad.
- Si hemos sentido presión en el corazón o una sensación opaca se revela la falta de estímulo, amor, pérdida de un ser querido, soledad.
- Si hemos tenido que realizar esfuerzos en respirar y ha habido temores al hacerlo es que existe miedo a vivir, miedo a vivir, miedo a la enfermedad o la presencia de alguna fobia.

Ahora seguimos con el ejercicio que antes hemos dejado. Seguimos estirados en la misma posición, conscientes de los bloqueos que hemos percibido y cuyas causas ya conocemos. Trataremos de disolver estos bloqueos.

- Para disolver los bloqueos hay que tener conciencia de que somos nosotros quienes los hemos creado voluntariamente. Nosotros hemos tensado esos músculos.
- Si bien, nosotros hemos tensado esos músculos, no nos hemos dado cuenta que los hemos contraído o tensado.
- Hay que llegar a tener la sensación directa de cómo tensamos activamente estos músculos, y no destensar, sino aumentar deliberadamente la tensión. Recordando el momento en que creamos este bloqueo, reviviendo el drama.
- Con esta técnica −tensándolos nuevamente− nos acordamos de cómo los hemos tensado. A la vez que aceptamos sin reservas cualquier sentimiento que quiera emerger a la superficie.
- Estos bloqueos de tensión eran o son formas de resistencia a determinadas emociones, y para disolverlos permanentemente hay que abrirse a las emociones ocultas.
- Su liberación se expresa recordando los hechos que llevaron a tensar los músculos. Si es necesario podemos llorar, chillar o golpear algún cojín.

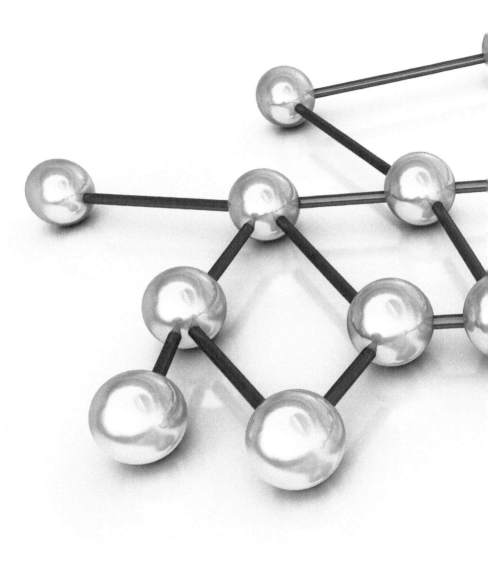

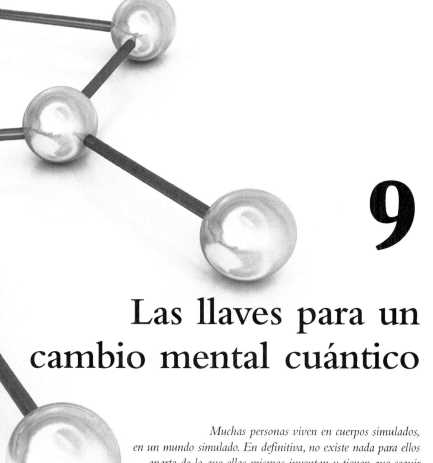

9

Las llaves para un cambio mental cuántico

Muchas personas viven en cuerpos simulados, en un mundo simulado. En definitiva, no existe nada para ellos aparte de lo que ellos mismos inventan y tienen que seguir inventando, ya que la ausencia sería terrible.

Marion Woodman

REPROGRAMAR EL CEREBRO PARA CAMBIAR EL COMPORTAMIENTO

Para entrar en el nuevo paradigma mental y social debemos romper con las viejas costumbres, experiencias pasadas que están anticuadas y ya no son aplicables a las nuevas condiciones del mundo que nos rodea. No hay que cambiar el mundo, sino cambiar la percepción del mundo. El cambio es posible; en los seres humanos existen enormes esperanzas de cambiar. Para cambiar hay que dejar de ser la persona que se es, no se puede seguir haciendo las cosas que se hacían antes, no se puede tener los mismos hábitos ni los mismos pensamientos, y sobre todo hay que ver el mundo, la vida y el Universo con una nueva percepción.

Sabemos que nuestros pensamientos moldean nuestro cerebro, nos convierten en lo que somos. Si nuestros pensamientos son negativos creamos un mundo negativo. Si son positivos crean un mundo positivo. Cada pensamiento es una extensión de nuestras dentritas en el cerebro. Lamentablemente, parece como si estuviéramos perseguidos por una desgraciada maldición, ya que los pensamientos negativos se convierten en neurosis y se repiten con más frecuencia hasta enquistarse. A veces es una respuesta de pura supervivencia, como es el caso de los miedos, temores o peligros. Pero estos miedos terminan pasando factura al cuerpo y creando enfermedades. Sin embargo, podemos romper los malos hábitos, reprogramar el cerebro y hacer que aparezcan comportamientos nuevos. Tenemos que forzar al cerebro con patrones y secuencias nuevas que nos den positivismo, seguridad, inquietudes de conocimiento, armonía...

«...aquello en lo que piensas con más frecuencia determina lo que eres y en lo que te convertirás.»

Joe Dispenza

Estudios recientes demuestran aspectos muy importantes del cerebro. Uno de ellos es que, a cualquier edad, existe un proceso de neurogénesis, es decir, creación de nuevas neuronas. Esa plasticidad cerebral es algo que no sospechábamos hasta hace relativamente poco tiempo. Sabíamos que las dentritas se extendían a cualquier edad siempre que forzásemos y ejercitásemos nuestra mente. La creación de neuronas especialmente en el lóbulo frontal es una nueva posibilidad de enriquecimiento cerebral que no habíamos considerado. Ahora tenemos que enseñar al cuerpo que nosotros conocemos nuestra mente, que podemos darle instrucciones para que armonice nuestro cuerpo, para que sane los lugares dañados. Podemos reprogramar nuestro cerebro para cambiar el comportamiento.

Para conseguir el nuevo objetivo también debemos cambiar nuestras actitudes, nuestra forma de pensar, así como deshacernos de nuestros miedos, temores y complejos para alcanzar un pensamiento positivo y tener la confianza y la seguridad de que con nuestros pensamientos podemos cambiar nuestra vida, nuestro cerebro y nuestro cuerpo. Si no hay experiencias nuevas, seguiremos viviendo con los sentimientos del pasado.

«Estudios neurológicos recientes demuestran que podemos cambiar nuestro cerebro con el mero hecho de pensar.»

Joe Dispenza

Vemos que nuestro desarrollo depende de una transformación interna, no de conquistas exteriores, de una transformación en la forma de pensar. La verdadera realidad la alcanzamos a través de la experiencia directa y personal, el único encuentro verdadero con nosotros mismos. Una persona que repite los mismos pensamientos, las mismas creencias y los mismos dogmas infalibles, crea un cerebro que no cambia, vive con la misma mente cada día. Hay que enfrentarse sin miedo a las inquietudes que nos rodean, razonar a cerca del sentido de la vida, y lo que puede ser la muerte o el significado del Universo que nos rodea.

Hay que pararse a pensar qué queremos de la vida y saber si lo que queremos nos llenará o será un falso valor más que nuevamente nos llevará a padecer angustias y ansiedades. Se trata de saber qué nos llena de verdad. Es posible que envidiemos una casa con piscina, un coche deportivo, un armario lleno de lujosas ropas y otras cosas, pero, una vez tengamos todo eso, veremos que tal logro no cambia nada nuestras angustias, nuestras ansiedades, y que esas conquistas sólo se han convertido en un parche que ha tapado lo que debíamos haber resuelto prioritariamente: nuestro mundo interior.

SINTIENDO ESE SABOR AGRIDULCE DE LAS COSAS QUE YA NO SON

Empezamos a cambiar cuando nos conocemos a nosotros mismos, cuando preguntamos a nuestro cerebro y somos conscientes de las respuestas, cuando hacemos un análisis histórico de nuestras vidas y vemos cómo hemos reaccionado a través de los sucesos que han acaecido. Cuando, a través de nuestro cerebro, somos conscientes de nuestras emociones y las exteriorizamos, pero dominándolas, no dejando que ellas nos dominen a nosotros y nos manejen como muñecos. Las emociones descontroladas son la causa de muchos de nuestros fracasos en la vida. La química cerebral es la causa de las emociones, pero nosotros somos los responsables de dosificar esa química y darnos cuenta de sus actuaciones.

En resumen se trata de todo un nuevo paradigma de la forma de pensar y ver el mundo, de enfrentarse a los nuevos misterios y la realidad de lo que somos. Un paradigma que nos permite una utilización más científica de nuestro cerebro y, en consecuencia, unos mejores resultados en nuestra salud y en nuestras relaciones con los demás. Una nueva aventura que nos aportará, en principio, cierto temor a lo desconocido, pero que, a la larga, nos proporcionará una visión diferente del viejo mundo en que vivimos. Ya sabemos qué nos ha aportado la sociedad, el sistema y las creencias actuales, ahora se trata de llegar más allá, buscar una nueva forma de vida que sólo la obtendremos cambiando nuestra manera de pensar.

«Vale más vivir enfrentándonos a la posibilidad de lo nuevo, sintiendo ese sabor agridulce de las cosas que ya no son, pues, aunque eso nos deje tristes, empiezan a nacer otras que pueden traer la esperanza.»

Antonio Fernández-Rañada (*Los científicos y Dios*)

El nuevo cambio puede significar cierta soledad, ya que difícilmente seremos comprendidos por aquellos que permanecen igual que siempre. Sin embargo, esa soledad nos aportará una mente más poderosa. La soledad y la incomprensión fortalecen nuestra mente. La verdadera sabiduría se halla en los momentos de gran soledad, esos momentos en los que se abre la mente y nos revela lo que difícilmente podemos expresar con el lenguaje, cuando nos muestra la verdadera esencia de la sabiduría y cuando la mente y el cuerpo se convierten en uno.

EL PLANETA DE LOS SIMIOS LOCOS

El tercer planeta de nuestro sistema solar es conocido como Tierra, y también lo llamamos «planeta azul», pero deberíamos llamarlo el «planeta de los simios locos». Ningún habitante de nuestro planeta, sin excepción de ninguna clase, es una persona sana mentalmente. Somos un planeta de locos en diferentes grados de locura, psicológicamente enfermos en mayor o menor grado.

El mundo, desde el rincón más remoto del planeta hasta las grandes urbes, está lleno de locura, y nada podemos hacer por evitarlo. Somos enfermos mentales habitando el único planeta de nuestro sistema solar con una vida compleja y teóricamente racional e inteligente, pero cargada de patologías mentales.

Seres que vagabundean por las calles de las grandes ciudades hablando solos; personas cargadas de odios y rencores que buscan desesperadamente venganza; individuos que se valen de la superstición y la magia para resolver sus conflictos interiores, bandas cargadas de maldad que se mueven como depredadores por las junglas de asfalto; peligrosos forofos del deporte capaces de matar (*tifosi*, *hooligans*, etc.); iluminados que se mueven entre el bien y el mal; dominadores frustrados que proyectan sus traumas sobre sus familiares y subordinados; subordinados conformistas que viven subyugados y traumatizados por otros; mesiánicos y salvadores, héroes épicos, admiradores de los malvados de James Bond; transgresores de toda regla sin escrúpulos ni sentimientos; místicos, iluminados y creyentes incondicionales de creencias y religiones; prepotentes, arrolladores conductistas; renacidos religiosos; individuos inconscientes atrapados en un mecanicismo sólo sensible a ciertos placeres; víctimas traumatizadas por atrocidades vividas; mercenarios con estrés postraumático; individuos depresivos y un largo etcétera.

«La observación descubre también que en el seno de una especie determinada siempre son los individuos más débiles quienes se revelan como los más malvados: sobrecogidos por el miedo, sin fuerza necesaria para luchar de una manera deportiva es decir, ritualizada, son los primeros en tomar la iniciativa para pasar de la lucha ritualizada al combate destructor.»

Alain de Benoist

La vida ofrece diferentes vías a los seres humanos, unas fáciles y otras difíciles; unas en las que decidimos nosotros y otras en las que siempre están decidiendo los demás. Las hay cargadas de idealismos y las hay despojadas de todo conceptualismo; hay vías religiosas y vías ateas; las hay espirituales y materialistas; las hay

en que, desde pequeños, nos manipulan y moldean nuestros cerebros, y otras en que el libre albedrío es tan grande que pasan por la vida como una pluma abandonada al viento.

«La historia humana nos demuestra que no todos los humanos son hombres; hay algunos que son mulas, otros son lobos... y siempre hay unas pocas ratas.»

Harry Harrison

Cuando preguntamos a algunos individuos de nuestra sociedad qué es lo más importante de la vida para ellos, encontramos una variedad de respuestas muy variopintas: «Lo más importante es la familia, mi mujer y mis hijos»; «Lo más importante es triunfar»; «Lo más importante es tener buena salud y disfrutar de la vida»; «Lo más importante son los ideales religiosos y patrióticos»; «Lo más importante es ganar dinero y vivir con decencia»..., y así un largo etcétera. Es indudable que la respuesta no es la correcta en ningún caso, como hemos argumentado en los capítulos anteriores. Al interrogarnos acerca de qué es lo que más nos preocupa, nuevamente encontramos toda una serie de preguntas, muy materialistas, al respecto: «La salud»; «La pérdida del trabajo»; «La inseguridad ciudadana», etc. Muy pocos son lo verdaderamente sinceros para admitir que su mayor preocupación es ese trauma enquistado en el fondo de su cerebro: el miedo a la muerte.

Volvamos a la primera pregunta. ¿Cómo es posible que las respuestas obtenidas no tengan nada que ver con el misterio más grande que planea sobre nuestra existencia? ¿Cómo es posible que la gente no se pregunte por qué existe, por qué está en este Universo, qué hay más allá, cuál es el misterio de la vida, cómo hemos llegado a ser los seres que somos? ¿Tan fuerte es el entorno del sistema en que vivimos que ha logrado desfigurar los pensamientos esenciales del ser humano? ¿Cómo nos han podido convertir en seres tan mecánicos? Estoy seguro que el hombre de Neandertal o el de Cromañón tenía más inquietudes que nosotros y se hacía preguntas más profundas sobre su propia existencia. No creo que este hombre primitivo viviese sólo con la preocupación de sobrevivir a las fieras o de alimentarse. Nuestros antepasados también reflexionaban sobre su existencia, lo hacían contemplando los verdaderos cielos estrellados de las noches paleolíticas y neolíticas; lo hacían inquietos, escuchando los sonidos del viento y la tormenta; lo hacían asombrados ante un eclipse de Sol o de Luna o ante la visión natural de dos ciervos apareándose o de una yegua pariendo. Sí, con toda seguridad, el hombre primitivo tenía muchas más inquietudes que la mayor parte de los hombres actuales. Muestra de ello han sido todas esas pinturas que nos dejaron en sus cavernas y esos enterramientos ceremoniales que muestran cierta espiritualidad.

Los muros de hormigón, el ensordecedor ruido de los vehículos, la Vía Láctea difuminada por la luz de los tubos de neón y el olor a carburantes desfiguran nuestro pensamiento que ya ha sido hábilmente manipulado desde nuestra infancia por la publicidad, la educación, las religiones, los condicionamientos sociales, las fantasías y los culebrones televisivos.

«Voy a probar aún durante un año más y luego me voy a Lourdes.»

Woody Allen (en *Annie Hall*, refiriéndose a su terapia psicoanalítica tras quince años de consulta)

La humanidad está enferma, el cambio de costumbres, la nueva forma de vida ha creado inquietudes que, si bien no se convierten en patologías sí son trastornos que afectan a nuestro cerebro y nuestra personalidad. Los nuevos descubrimientos de la ciencia, las nuevas revelaciones de lo que verdaderamente somos, el nuevo ritmo de vida está creando cientos de nuevos síndromes que nos afectan, al margen de la ansiedad y el estrés. Así, aparece el síndrome posvacacional, la astenia primaveral, el estrés de fin de semana, conflictos laborales y de pareja, intolerancia a los que nos rodean y frustraciones que nos deprimen. Hemos pasado de ser seres que vivían en armonía con la naturaleza a individuos vulnerables que vivimos en grandes complejos urbanos donde la prisa, los peligros, la supervivencia, los problemas y la desconexión con los demás nos convierten en solitarios que viven en un mundo de máquinas.

Lo lamentable es que queremos solucionar inmediatamente los conflictos, pero a la vez nos negamos a enfrentarnos a los problemas de la vida. Al mismo tiempo el mundo va cambiando a nuestro alrededor, y cuando no somos capaces de realizar cambios en nuestro estilo de vida es cuando empiezan a surgir los problemas mentales.

«Muchas personas sufren alienaciones y otras patologías mentales debido a que viven en entorno que les parece extraño u hostil.»

Richard Dawkins

Podemos afirmar sin estar equivocados que no hay nadie sano mentalmente en este planeta, quien más quien menos tiene traumas o bloqueos mentales, y son muchos los que entran en la zona de las depresiones, el estrés, las ansiedades y las inquietudes inconfesables. Otros forman ese aterrador panorama de las patologías mentales. Según la Organización Mundial de la Salud, la depresión afecta a 120 millones de personas en el mundo occidental, y ello representa un coste de 120.000 millones de euros anuales solamente en Europa. La mitad de la población padece algún trastorno mental una vez en su vida, hecho que afecta a 1.500 millones de personas en todo el mundo; existen 52 millones de personas esquizofrénicas; 150 millones con neurosis graves; 50 millones que padecen ataques de epilepsia; 30 millones de locos, y 120 millones de retrasados mentales. Sin contar con los que arrastran traumas que afectan a su perfil de personalidad o los bipolares que pasan de la depresión a la euforia o al revés. Cabe destacar que fueron bipolares famosos Edgar Allan Poe, Hans Christian Andersen, Walt Whitman, Tenesse Williams, Virginia Woolf, Agatha Christie, Gary Grant, Liz Taylor, Mozart, Van Gogh, Isaac Newton, Napoleón, Nixon y hasta el propio Sigmun Freud.

«Las emociones son la principal causa de los fracasos de la inteligencia.»

José Antonio Marina (*La inteligencia fracasada*)

También habría que hablar de las personas que sufren manías, que, aunque no es una patología, sí puede llegar a afectar seriamente a la personalidad. Me refiero a esas personas que revisan la llave del gas de casa diez o doce veces antes de acostarse, que comprueban otra docena de veces si han cerrado el cerrojo de la puerta de casa, que ordenan las cosas montones de veces, que no tocan los picaportes o los pasamanos por miedo a infectarse o que se lavan las manos cada diez minutos. Es decir, lo que se conoce como trastornos obsesivos compulsivos (TOC), y que se cierne sobre gente que se ve asaltada por pensamientos negativos de males que se avecinan. Los TOC están presentes en el tres por ciento de la población. Y aún cabría mencionar los complejos, cuyos efectos pueden ser terribles. Hitler tenía complejo de inferioridad y parte de sus decisiones estaban afectadas por este hecho. El complejo de inferioridad provoca neurosis obsesivas de culpa, y es algo que puede aparecer por haber sufrido una educación autoritaria y dogmática o haber vivido dentro de una religión amenazadora de castigos eternos por haber pecado. El número de complejos puede ser infinito, desde el que se siente espiado y perseguido hasta el que sufre complejo de superioridad. Y no hablemos de sentimientos como los celos que llegan a niveles enfermizos. Y, entre todo este panorama, están los enfermos sexuales, los sadomasoquistas, los pederastas y otros neuróticos peligrosos.

«En un alma absolutamente libre de pensamientos y emociones, ni siquiera los tigres encuentran lugar donde hincar sus garras.»

Waka de la escuela de esgrima Shinkage-ryu (Japón, época feudal)

Hemos pasado de ser un planeta de monos desnudos, como decía Desmond Morris, ha ser un planeta de simios locos. En realidad, el Homo Sapiens tendría que llamarse «homo neuróticus».

LOS CÁNCERES SOCIALES

Parte de nuestros problemas se deben al sistema social y político que nos rodea, un sistema que tampoco ha sabido comprender el alcance del nuevo paradigma en el que estamos entrando. Los políticos siguen luchando por el poder y, algunos, con buena fe, pretenden arreglar los problemas del mundo, pero lo único que hacen es poner parches a unas ideologías desfasadas. Las religiones, por su parte, siguen aferradas a sus viejos dogmatismos, con un Dios (o dioses) completamente desfasados, ajenas a la nueva espiritualidad que emerge. Da la impresión de que unos y otros pretenden mantenernos en este vendito sueño de ignorancia y supeditación. Como un ser enfermo, el sistema tiene sus cánceres, y entre los principales tenemos:

- Los fundamentalismos cristiano, judío y musulmán, que quieren obligar a todos a creer en lo mismo.
- Los imperialismos económicos nacionales y multinacionales, a los que no les importa el impacto de sus comercios e imposiciones de valores.
- Los que están en contra de una racionalidad global y una tolerancia pluralista, así como una conciencia global más integradora.
- Los dogmas y creencias establecidas que impiden la aparición de verdades más profundas y visiones más amplias.

Pero el lector se preguntará: ¿cómo puedo superar la tenaza social y política del sistema?

Por una parte, podemos trabajar de forma individual, aumentando nuestros conocimientos y buscando en la lectura adecuada respuestas a nuestras inquietudes científicas y religiosas. La lectura y el conocimiento ayudarán a desarrollar nuestro cerebro, pero también podemos realizar técnicas de meditación. Todo esto requiere un gran esfuerzo cuando uno está solo, por este motivo también es interesante contactar con aquellas personas que tienen las mismas inquietudes y con las que podemos dialogar sin miedos ni prejuicios. Se trata de buscar a gente que tenga un perfil óptimo al entorno del nuevo paradigma. Definiríamos ese perfil con las siguientes características:

- Un conocimiento amplio y profundo del nuevo paradigma.
- Abiertos a otros campos y con capacidad pluridisciplinaria.
- Con inquietudes y ávidos de experiencias nuevas.
- Pensadores profundos que compartan una visión holística.
- Personas que han roto las opresoras fronteras de los dogmatismos.
- Rebeldes e innovadores.
- Críticos, no conformistas, no rutinarios y contestatarios.

Por otra parte, debemos buscar entornos óptimos para nuestro nuevo desarrollo psicológico. Debemos huir de los entornos que nos ataquen, que nos condicionen, lugares mediocres que ofrecen una fuga transitoria pero no definitiva.

«La muerte de todo hombre me disminuye porque yo soy parte de la humanidad. No preguntes nunca por quién doblan las campanas: doblan por ti.»

John Donne

Si enriquecemos nuestro mundo con seminarios, conferencias y actividades culturales veremos cómo nuestras posibilidades de desarrollo y evolución mental aumentan. A cada nuevo conocimiento que adquiramos surgirán nuevos interrogantes, posiblemente inquietantes, pero capaces de hacernos evolucionar, lo que hará que nuestra mente desarrolle su poder, un poder muy superior a lo que imaginamos. También deberemos encontrarnos a solas con nosotros mismos, olvidar los roles, olvidar las reglas convencionales de la sociedad, adentrarnos en un espacio más multiétnico, no privilegiar ningún punto de vista sobre los demás y aceptar que todos los puntos de vista son relativos e interdependientes.

ADENTRÁNDONOS EN EL AGUJERO DE GUSANO

Para aceptar el nuevo paradigma precisamos una serie de premisas indispensables, premisas que se refieren a nosotros mismos y al nuevo Universo que se nos abre. Para muchos cosmólogos es posible viajar de un punto del Universo a otro a través de lo que se denominan agujeros de gusano. Nosotros para aceptar el nuevo paradigma tenemos que adentrarnos en nuestro propio agujero de gusano mental, un camino que nos llevará a una mente más abierta y conectada al futuro. En principio veamos seis consejos para abordar el nuevo paradigma:

- Planear de un modo consciente nuestro futuro.
- Ampliar nuestras ansias de liberación a través de un conocimiento más elevado.
- Reemprender nuestro vínculo esencial con el medio ambiente y la naturaleza que nos rodea.
- Cuestionar sin miedo los modelos y sistemas imperantes, tanto religiosos como científicos o políticos.
- Ampliar nuestros conocimientos y nuestra evolución de la consciencia.
- Alcanzar una conexión con toda la humanidad y todo el Universo que nos rodea, facilitando el desarrollo del nuevo paradigma.

Antes de exponer una premisas para nuestro bienestar y evolución mental, sepamos que también nosotros tenemos que llevar el conocimiento al mundo, una actividad que tenemos que practicar sin hacer proselitismo y sin convertirnos en misioneros. Tenemos que tener muy claro que nosotros somos lo más importante y que nuestra evolución reside en seguir evolucionando. Y recordemos que ayudar a los demás es hacerlo cuando ellos estén en disposición de querer aprender. A continuación veamos las premisas necesarias para alcanzar el nuevo paradigma con una mente clara y evolucionada.

- Superar la confusión de lo ilusorio.
- Renunciar a los deseos innecesarios.
- Ser feliz en el ser.
- No alterarse por el sufrimiento ni el placer.
- No buscar posesiones.
- Estar más allá del apego, el miedo y la ira.

- Descubrir lo indispensable.
- Mantenerse desapegado.
- Realizar las acciones sin fines egoístas.
- Tener la convicción de la existencia de uno mismo.
- Estar libre de ilusión.
- Vivir el presente intensamente. El aquí y ahora.
- Contemplar la mente. Meditar.
- Frecuentar círculos de amistades de ambiente positivo, creativo y enriquecedor.
- Huir de los entornos mediocres.
- Eliminar los pensamientos que son efecto de las acciones que ocasionan disturbios en la mente.
- Frecuentar lugares solitarios para estar con uno mismo.
- Buscar aquel estado de donde no se vuelve jamás.
- Evitar la charla mecánica superficial e innecesaria.
- Recordar que por el control de la palabra se llega a la mente.
- No buscar recompensas.
- Liberarse del significado de «lo mío».
- Creer que hay algo sagrado y divino en el ser de cada persona.

Epílogo

El Universo tiene sus leyes y nosotros tenemos que vivir en armonía con ellas. Sabemos que todo es energía, incluso nuestro insignificante cuerpo forma parte de ella. Esa energía tiene sus leyes, las cuales nos afectan y gobiernan todo el Universo. Si entendemos esas leyes, si nuestra actitud mental está en consonancia con ellas, podremos controlar nuestras vidas y entender el entorno.

El cerebro humano aún sigue evolucionando y cada vez tiene más poder de comunicación, ya que, igual que existen campos electromagnéticos, hay campos mentales y morfogenéticos. Podemos cambiar nuestra mentalidad, crear nuevos «cableados» en el cerebro y fortalecer nuestro pensamiento. Más que nunca, en el complejo mundo en que vivimos, donde la locura es lo común, debemos de tener consciencia de nosotros mismos, de nuestro ser y de nuestra mente, a la que debemos escuchar, de la misma forma que debemos escuchar nuestro cuerpo. En nuestro cerebro hay diferentes niveles de realidad con los que nos tenemos que ajustar, ya que el éxito de nuestra vida no dependerá de la suerte, el destino o el capricho de las cosas, sino de nuestro esfuerzo mental, de nuestro conocimiento sobre nosotros mismos y, sobre todo, del Universo que nos rodea.

Hoy sabemos a través del nuevo paradigma ofrecido por la física cuántica que nunca debemos tener seguridad absoluta en nada y que lo que vemos no es la realidad. El mundo y el Universo es mucho más de lo que vemos y pensamos. Es más, es un ente con consciencia que interactúa con nosotros, y si no lo hemos notado es porque nuestra conexión no está despierta.

Nuestro destino no está prefijado y en cada momento de la vida podemos influir en lo que sucede, tal vez crear nuevos Universos con nuestros pensamientos o cambiar el destino de muchas personas. Pero, para abordar este aspecto esencial debemos sentir las energías y los flujos que nos rodean. El Universo forma parte de nosotros, somos nosotros mismos.

Si no estamos abiertos a lo fantástico nunca tendremos acceso a otras realidades, ya que sus energías fluyen por estrechas grietas que están en nuestra propia mente. Es necesario creer en lo que parece ilusorio para tener acceso a lo inmaterial, apócrifo, maravilloso, extraordinario y fenomenal. Cuando contemplamos los sucesos fenoménicos que nos acaecen como una virtud, una puerta se abre frente a nosotros. Todo un mundo maravilloso está oculto a nuestros sentidos, millones de realidades que desbordarían nuestra mente en un torbellino de locura. Son otras realidades que algún día entenderemos cuando nuestro cerebro, trabajando al cien por cien y más evolucionado sea capaz de captar el Todo.

Somos partículas en vibración, a veces ondas que se mueven y han adquirido la facultad de tener consciencia de sí mismas, sólo la piel nos separa de lo observado, pero esa piel no retiene nuestra facultad de ser parte de lo que observamos y formar parte del Universo que nos rodea, y, también, por qué no, de los multiuniversos que existen.

Cuando escribo las líneas del epílogo de este libro, hay una noticia que me sorprende y un suceso cuántico que está a punto de acaecer. La noticia es que, en una larga entrevista publicada en *L'Osservatore Romano*, órgano de la prensa de la Santa Sede, el astrónomo de la Ciudad del Vaticano, José Gabriel Funes, acepta por primera vez que puede haber vida en otros planetas y que este hecho no inquieta a la Santa Sede, pese a ser un tema tabú hasta ahora. Funes destaca textualmente: «Así como existe una multiplicidad de criaturas en la Tierra, podrían existir otros seres, también inteligentes, creados por Dios». Es curioso que ahora, en este momento de los grandes descubrimientos cosmológicos, psicológicos, genéticos y neurofisiológicos, el Vaticano admita esta posibilidad, a no ser que verdaderamente sepa algo que nosotros no sabemos y que el contacto con seres de otros sistemas planetarios esté apunto de producirse. La Iglesia nunca ha admitido hasta ahora esta posibilidad, ya que eso significaría que no somos seres privilegiados y que toda la historia bíblica puede cuestionarse. Recordemos que Giordano Bruno fue quemado en la hoguera por la Inquisición por el sólo hecho de admitir la probabilidad de la existencia de otros mundos habitados. Posiblemente, la Santa Sede se está «curando en salud» ante la avalancha de descubrimientos que se esperan para la próxima década, especialmente en el campo de la astronomía, la astrofísica y la cosmología.

El suceso cuántico es la puesta en marcha del acelerador de partículas Large Hadron Collider (LHC), la máquina que confirmará todo el nuevo paradigma cuántico en el que estamos inmersos. El LHC tiene la misión inicial de buscar una partícula fundamental que explica el origen de la masa y a la que se le ha puesto el nombre de «partícula divina».

El LHC es un potente complejo que está a una profundidad de entre 50 y 150 metros y se compone de un anillo de 27 kilómetros donde están instalados 1.650 grandes imanes superconductores. Una instalación realizada con una precisión de una décima de milímetro, y un sistema criogénico que mantiene ese anillo a 271 grados bajo cero. Por el anillo girarán partículas a velocidades próximas a la de la luz y en sentidos distintos, partículas que colisionarán entre ellas produciendo nuevas partículas. Las colisiones serán registradas por una cámara digital de 12.500 toneladas de peso, conocida como CMS, con 100 millones de píxeles que captan imágenes tridimensionales de las colisiones de partículas 40 millones de veces por segundo.

Nos enfrentamos a un cambio, a una nueva perspectiva de lo que somos, de nuestro origen y de nuestra relación con el Universo que nos rodea. Un cambio de creencias que activa el miedo en nuestro cerebro. Y, si el miedo es suficientemente grande, se desactivará nuestra apertura mental y seremos incapaces de intentar creer en la realidad del nuevo paradigma. Por primera vez en la historia de la humanidad, los descubrimientos superaran la imaginación y se desbordarán como un torrente por las circunvalaciones cerebrales. Imagino lo difícil que debió ser para el hombre del medievo admitir que estaba viviendo en un mundo redondo, muchos no llegaron ni a poderlo imaginar y siguieron en «su» mundo plano, no cambiaron de paradigma y murieron con su ignorancia a cuestas. Imagino el golpe que representó para muchas creencias cuando el telescopio reflector de cinco metros de diámetro de Monte Palomar[9] descubrió que existían millones de galaxias como la nuestra. En ambos casos se abrió un nuevo paradigma. Ahora, otro está apunto de cernerse sobre nosotros, un paradigma que afecta a todas las creencias filosóficas y religiosas, a todas las disciplinas científicas: la psicología, la medicina, las ciencias exactas, la física, la química, la astronomía, la cosmología e incluso la biología. Sobre esta última disciplina también destacaremos que los fenómenos cuánticos están relacionados con los genes, que transmiten los caracteres hereditarios, generación tras generación. El ADN no está compuesto sino por moléculas, formadas por subnunidades menores, que actúan bajo las leyes de la física cuántica.

Ninguna disciplina escapa a la nueva visión del nuevo paradigma. Se trata de un paradigma que nos dirá que existen otros universos, posiblemente burbujas, un paradigma que nos hablará de nuestra relación cuántica con la vida y la muerte, un paradigma que nos llevará a concebir unas nuevas creencias y, también, una nueva espiritualidad.

9. El telescopio más grande del mundo desde su inauguración, en 1948, hasta 1976, año en que entró en funcionamiento el de Zelenchukskaia.

Bibliografía

Almendro, Manuel; *Psicología y psicoterapia transpersonal*, Kairós, Barcelona, 1994.

Arntz, William; Chase, Betsy; y Mark Vicent; *¿¡Y tú qué sabes!?*, Editorial Palmyra, Madrid, 2006.

Assagioli, Roberto; *Ser transpersonal*, Gaia Ediciones, Madrid, 1993.

Blaschke, Jorge; *El cuarto camino de Gurdjieff*, Ediciones Contraste, Madrid, 1995.

—*Vademécum de la meditación*, Ediciones de la Tempestad, Barcelona, 1996.

—*Tú lo puedes todo. Introducción a la psicología transpersonal*, Tikal Ediciones, Madrid, 1996.

—*¿Hay vida después de la muerte?*, Susaeta Ediciones, Madrid, 1999.

—*Enciclopedia de las creencias y las religiones*, Ediciones Robinbook, Barcelona, 2003.

—*Meditación práctica*, Editorial Grijalbo, Barcelona, 2004.

—*Más allá de lo que tú sabes*, Ediciones Robinbook, Barcelona, 2008.

—*Vendiendo a Dios*, Volter (Ediciones Robinook), Barcelona, 2004.

Blaschke, Jorge, y Pedro Palao; *Ideas y trucos para potenciar la mente*, Ediciones Robinbook, Barcelona, 1998.

Bierach, A.; *Training Mental*, Ediciones Mensajero, Bilbao, 1983.

Bobrow, Robert; *El médico perplejo*, Editorial Alba, Barcelona, 2008.

Brockman, John; *Los próximos cincuenta años*, Kairós, Barcelona, 2004.

El nuevo humanismo y las fronteras de la ciencia, Kairós, Barcelona, 2007.

Burton, Robert; *El recuerdo de sí*, Editorial Kier, Buenos Aires (Argentina), 1994.

Capra, Fritjof; *Sabiduría insólita*, Kairós, Barcelona, 1990.

Las conexiones ocultas, Editorial Anagrama, Barcelona, 2002.

Capra, Fritjof, y D. Steindl-Rast; *Pertenecer al Universo*, Editorial Edaf, 1994. Barcelona.

Chopra, Deepak; *Curación cuántica*, Plaza & Janés, Barcelona, 1991.

Chown, Marcus; *El Universo vecino*, Los Libros de la Liebre de Marzo, Barcelona, 2005.

Cleary, Thomas; *Observando la mente*, Editorial Sirio, Málaga, 1996.

Day, Laura; *La intuición eficaz*, Ediciones Martínez Roca, Barcelona, 1997.

Dispenza, Joe; *Desarrolla tu cerebro*, Editorial Palmyra, Madrid, 2008.

Deshimaru, Taisen; *Za-Zen. La práctica del Zen*, Editorial Cedel, Girona, 1976.

Deshimaru, T., e Y. Ikeme; *Zen y autocontrol*, Kairós, Barcelona, 1990.

Desjardins, Arnaud; *La meditación*, Kairós, Barcelona, 1990.

Devananda, Suami Vishnu; *Meditación y mantras*, Alianza Editorial, Madrid, 1980.

Dhiravamsa; *Meditación Vipassana y Eneagrama*, Los Libros de la Liebre de Marzo, Barcelona, 1998.

Dossey, Larry; *Tiempo, espacio y medicina*, Ediciones Kairós, Barcelona, 1986.

Fergunson, Marilyn; *La conspiración de Acuario*, Kairós, Barcelona, 1985.

La revolución del cerebro, Heplada, Madrid, 1991.

Fernández-Rañada, Antonio; *Los científicos y Dios*, Editorial Trotta, Madrid, 2008.

Goldstein, Joseph; *La experiencia del conocimiento intuitivo*, Ediciones Dharma, Alicante, 1995.

Goleman, Daniel; *Los caminos de la meditación*, Kairós, Barcelona, 1986.

−*La meditación y los estados superiores de consciencia*, Editorial Sirio, Málaga, 1990.

−*La salud emocional*, Kairós, Barcelona, 1997.

−*Inteligencia emocional*, Kairós, Barcelona, 1996.

González Garza, Ana María; *Colisión de paradigmas*, Kairós, Barcelona, 2005.

Gott, Richard; *El viaje en el tiempo*, Editorial Tusquets, Barcelona, 2003.

Graf Dürckheim, Karlfried; *Meditar: por qué y cómo*, Ediciones Mensajero, Bilbao, 1982.

—*El maestro interior*, Ediciones Mensajero, Bilbao, 1992.

Griscom, Chips; *Sanar las emociones*, Ediciones Luciérnaga, Barcelona, 1991.

Grof, Christina, y Stanislav Grof; *La tormentosa búsqueda del ser*, Los Libros de la Liebre de Marzo, Barcelona, 1995.

Grof, Stanislav; *Sabiduría antigua y ciencia moderna*, Cuatro Vientos, Santiago de Chile, 1991.

—*Cuando ocurre lo imposible*, Los Libros de la Liebre de Marzo, Barcelona, 2008.

Grof, Stanislav; Dossey, L.; Harner, M.; Halifax, J.; *et. al.*; *El viaje del chamán*, Kairós, Barcelona, 1988.

Grof, Stanislav; Laszlo, Ervis; y Peter Russell; *La revolución de la conciencia*, Kairós, Barcelona, 2000.

Grof, Vaughan; White, Varela; *et al.*; *La evolución de la conciencia*, Kairós, Barcelona, 1993.

Kaku, Michio; *Universos paralelos*, Atalanta, Girona, 2008.

Kornfield, Jack; *Camino con el corazón*, Los Libros de la Liebre de Marzo, Barcelona, 1997.

Harner, Michael J., y Gary Doore (*ed.*); *El viaje del chamán*, Kairós, Barcelona, 1988.

Hollings, Robert; *Meditación trascendental*, Editorial Edaf, Madrid, 1985.

Huxley, Aldous; *Las puertas de la percepción*, Edhasa, Barcelona, 1977.

La filosofía perenne, Edhasa, Barcelona, 1992.

Huxley, Maslow; Wats, Wilber; *et. al.*; *La experiencia mística*, Kairós, Barcelona, 1979.

Jung, Campbell; Wilber, Dossey; *et. al.*; *Encuentro con la sombra*, Kairós, Barcelona, 1992.

Lawlis, Frank; *Medicina transpersonal*, Kairós, Barcelona, 1999.

Laszlo, Ervin; *La ciencia y el campo akásico*, Editorial Nowtilus, Madrid, 2004.

Cosmos creativo, Kairós, Barcelona, 1997.

Lederman, L., y D. Teresa; *La partícula divina*, Editorial Crítica, Barcelona, 1994.

Martín, Paul; *Enfermar o curar por la mente*, Debate, Madrid, 1997.

Martín, Consuelo (*ed.*); *Bhagavadgita*, Editorial Trotta, Madrid, 1997.

—*Conciencia y realidad*, Editorial Trotta, Madrid, 1998.

—*Discernimiento*, Editorial Trotta, Madrid, 2006.

Maslow, Abraham; *El hombre autorrealizado*, Kairós, Barcelona, 1972.

McTaggart, Lynne; *El campo*, Editorial Sirio, Málaga, 2006.

Ouspensky, P. D.; *Fragmentos de una enseñanza desconocida*, Editorial Ghanesa, Buenos Aires, 1968.

Orstein, Robert; *Psicología de la conciencia*, Editorial Edaf, Madrid, 1993.

—*La evolución de la conciencia*, Emece, Barcelona, 1994.

Punset, Eduardo; *Cara a cara con la vida, la mente y el Universo*, Ediciones Destino, Barcelona, 2006.

—*El alma está en el cerebro*, Aguilar, Madrid, 2006.

Rowan, John; *Lo transpersonal*, Los Libros de la Liebre de Marzo, Barcelona, 1996.

Sendrail, Marcel; *Historia cultural de la enfermedad*, Espasa-Calpe, Madrid, 1983.

Sheldrake, R.; Mckenna, T.; y R. Abraham; *Caos, creatividad y consciencia cósmica*, Ediciones Edigo, Castellón, 2005.

Sinkh Khalsa, Dharma; *La meditación como medicina*, Editorial Diagonal del Grupo 62, Barcelona, 2001.

Smith, Huston; *Más allá de la mente postmoderna*, Kairós, Barcelona, 2001.

Solé-Leris, Amadeo; *La meditación budista*, Editorial Martínez Roca, Barcelona, 1986.

Suzuki, D. T., y E. Fromm; *Budismo zen y psicoanálisis*, Fondo de Cultura Económica, México, 1964.

Tart, Charles; *Psicología transpersonal*, Editorial Paidós, Barcelona, 1994.

—*El despertar del Self*, Kairós, Barcelona, 1989.

Thich Naht Hanh; *Cómo lograr el milagro de vivir despierto*, CEDEL, Barcelona, 1981.

—*Hacia la paz interior*, Plaza & Janés, Barcelona, 1992.

—*El florecer del Loto*, Editorial Edaf, Madrid, 1996.

Weil, Andrew; *La curación instantánea*, Círculo de Lectores, Barcelona, 1996.

Weil, Pierre; *Los límites del ser humano*, Los Libros de la Liebre de Marzo, Barcelona, 1997.

Wilber, Ken; *Cuestiones cuánticas*, Kairós, Barcelona, 1986.
  —*La conciencia sin fronteras*, Kairós, Barcelona, 1985.
  —*Un dios sociable*, Kairós, Barcelona, 1988.
  —*El proyecto Atman*, Kairós, Barcelona, 1989.
  —*Después del Edén*, Kairós, Barcelona, 1995.
  —*Breve historia de todas las cosas*, Kairós, Barcelona, 1997.
  —*Sexo, ecología y espiritualidad*, Gaia Ediciones, Madrid, 1997.
  —*El ojo del espíritu*, Kairós, Barcelona, 1998.
  —*Ciencia y religión*, Kairós, Barcelona, 1998.
  —*Una visión integral de la psicología*, Alamah, México, 2000.
  —*Espiritualidad integral*, Kairós, Barcelona, 2007.

Wilber, Ken, et al.; *¿Qué es la iluminación?*, Kairós, Barcelona, 1988.

Wilber, Ken; Bohm, D.; Pribram, K.; Capra, F.; Weber, R.; et al.; *El paradigma holográfico*, Kairós, Barcelona, 1987.

Wilber, Ken; Grof, Tart, Levine, Sheldrake et al.; *¿Vida después de la muerte?*, Kairós, Barcelona, 1993.

Weber, Renée; *Diálogos con científicos y sabios*, Los Libros de la Liebre de Marzo, Barcelona, 1990.

Weil, Pierre; *Los límites del ser humano*, Los Libros de la Liebre de Marzo, Barcelona, 1997.

Wolf, Fred Alan; *La búsqueda del águila*, Los Libros de la Liebre de Marzo, Barcelona, 1993.

Xuan Thuan, Trinh; *La melodía secreta*, Buridán, 1988 Barcelona.

Zehentbauer, Josef; *Drogas endógenas*, Ediciones Obelisco, Barcelona, 1995.

Zinder, H. Solomon; *Drogas y cerebro*, Prensa Científica, Barcelona, 1992.

Zukav, Gary; *La danza de los maestros*, Argos-Vergara, Barcelona, 1981.

Por el mismo autor: